世界一わかりやすい
DX《デジタルトランスフォーメーション》入門

GAFAな働き方を普通の日本の会社でやってみた。

各務茂雄

東洋経済新報社

プロローグ――DXの実践にはGAFAな働き方が不可欠

2016年8月、私はある面談に向かっていた。
会場に指定された歌舞伎座タワーのエレベーターの中でキャリアを振り返ると、いろいろなことに挑戦し続けてきたからこそ、今があるのだと感じていた。

はじめての転職は1997年6月にさかのぼる。当時の私はわずか4年のITエンジニアとしての経験と、TOEIC400点レベルの英語力という、完全に実力不足の状態であったが、三浦知良さんの『「足に魂こめました」――カズが語った[三浦知良]』(文藝春秋、1993年)を読んで、自分はまだまだ挑戦が足りないと感じてしまったのだ。この本をきっかけに、典型的な日本企業から外資系企業に転職した。このとき以降、そのつどそのつど試行錯誤してきたことが、「この会社のインフラ改革を実施するために役立つのではないか」と考えながら、起きたさまざまなことを思い出し、ある会社の採用前のカジュアル面談を受けていた。

面談をしたのはドワンゴの人事の採用チーム、そしてインフラ(1)チームの部長だった。話の内容はニコニコ動画・生放送のインフラの現状と、それに対する彼らの課題意識であった。当時の私はアマゾン ウェブ サービス（以下、ＡＷＳ）のコンサルティングチームを率いており、その仕事を楽しんでいた。しかしドワンゴの話を聞いていると、この仕事は私でないとできないのではないか、と思い始めてしまったのだ。その後、数回の面談と面接を経て、２０１７年1月に私はドワンゴのインフラチームの部長として、会社の入り口をくぐった。

２０２０年4月、ドワンゴのインフラ改革はほぼ終わった。これにより私が入社した２０１７年1月に立てた仮説が正しいことの検証ができたのである。その仮説とは、「GAFA《ガーファ》的な働き方（以下、「ＧＡＦＡな働き方」とする）に日本的な要素を加えることで改革は成功する」というものである。ＧＡＦＡとは、ご存じの通り、Ｇｏｏｇｌｅ（グーグル）、Ａｐｐｌｅ（アップル）、Ｆａｃｅｂｏｏｋ（フェイスブック）、Ａｍａｚｏｎ（アマゾン）の4社を指し、ＧＡＦＡな働き方とはそうした企業が目指している、あるいは、実践している働き方である。

多くの日本企業が今、課題としているデジタルトランスフォーメーション

---

(1) インフラ
デジタルサービスを提供するための、コンピュータ等のハードウェアや、OSやミドルウェア等のソフトウェアのことを指す。標準化できるものはすべてインフラで、そうした意味では、最近はアプリケーションもインフラになっている。

(2) デジタルネイティブ
デジタル技術を企業の根幹とし、その価値を最大限使い切っている企業。

（DX）でも同じことがいえる。**DXの本質はデジタル技術と合理的マネジメントを融合すること**。そして、**DXを実践する上で不可欠なのはGAFAな働き方なのである**。私たちが行なってきたデジタルネイティブ[2]企業のインフラ改革の手法が、DXを進められている方々に対して、なんらかの役に立つのではないかと考え、本書を執筆しようと考えた。

　ドワンゴのインフラ改革について少し触れたいと思う。課題の本質を一言で表すと、仕事の属人化であった。ドワンゴのようなデジタルネイティブ企業でもそれが課題であった。多くの方が実感されていると思うが、属人化はDXを推進する上で最大の障壁である。デジタルサービスに限らず、サービスを急いでつくる場合、チームで動くより個人のスキルに任せるほうが早いため、十分な情報が記載され、記録されることもなく、サービスがつくられてしまうことがある。まずは、その属人化というものを徹底的に解消するようにした。

　たとえば、システム構成図[3]やパラメータ[4]、時にはroot[5]のパスワードを知っている人が1人しかいないこともあり得る。また、システムのAPI[6]や仕様が仲間内に公開されず、そのつど問い合わせる必要が生じる場合もある。

---

(3) システム構成図
システムの設計図となるもの。システム設計をする際に必ず作成し、チームで作業をするようなときに他のエンジニア等が理解できるようにするドキュメント。

(4) パラメータ
システム設計をした際に、ソフトウェアやハードウェアに設定する値。これによってそれらの動作や速度が変わる。

なぜ属人化が起きてしまうのかを理解するために、ドワンゴのチーム体制について少し説明しておきたい。ニコニコ動画・生放送という大きなサービスを多人数でつくっているため、多くのデジタルサービス企業と同様に、アプリチーム(7)はサービスごとに縦割りチームとして分かれ、インフラチームは横串チームとして独立した状態で機能し連携が十分といえる状態ではなかった。

２０１０年代中盤に、ニコニコビジネスが急速に拡大したことと、ユーザーの高画質化への期待により、必要なインフラの規模が数年間で数倍になったことによって、数百Ｇｂｐｓのネットワークと、数百台の配信サーバにより動画／生放送を配信することになった。数百Ｇｂｐｓとさらっと書いたが、Ｇｂｐｓはデータの伝送速度を示す単位で、数百Ｇｂｐｓの規模をわかりやすく説明すると、たとえばリモートワークでよく使われる会議・ミーティングのアプリＺｏｏｍで表現すると20万人が同時にライブで使えるくらいの規模に相当する。そのように規模が拡大している中で、仕事が属人化していたがゆえに、チームでインフラの仕事を回すことが難しくなり、スピードが下がり、コストが上がり、サービスレベルが下がるという悪循環に陥っていた。

たとえば、購買や契約が個人に依存し、組織としてスケールメリットを活かせ

---

(5) root
特権ユーザー。システムのすべての設定を変更できるもっとも強力な権限をもつユーザー。このログイン情報を失うと、ログインできなくなり、システムの変更ができなくなる。

(6) API
アプリケーションプログラミングインターフェイスの略。アプリケーションソフトウェアを構築および統合するために使われるツール、定義、プロトコルのこと。

ず、コストダウンができないケースがあった。また、個人に仕事が集中し、十分な技術選定をするスキルと時間が不足した結果、購買時の業者選定のコンペも十分にできない状況であった。

特に、技術の選定の際に、その担当者の知っている技術の範囲が限定的であったのが大きな課題であった。ある領域だけは尖った技術を使っているが、他の領域では最新のコスパが良い技術にチャレンジできていないなど、バランスの悪い設計になっており、時にはその技術の選定がサービスの品質を下げてしまっていることもあった。

ドワンゴは、ニコニコ動画のインフラ改革に何度もチャレンジしており、数年間トライ&エラーを繰り返していた（くわしくはhttps://cakes.mu/posts/4758を参照）。

これを解決するためには、私が今まで経験してきたＧＡＦＡな働き方のマネジメント手法が特効薬であると考え、入社直後から担当する部門において、そのマネジメント手法を実行することにした。その内容について、２０１８年のデブサミ[8]のセッションにおいても、ＧＡＦＡ的なアプローチで改革をしていることを発表している（https://togetter.com/li/1200101）。

---

(7) アプリ
ニコニコ動画では、WEBサイトやスマホアプリなど、ユーザー体験に直結するソフトウェアのことを指す。サービスごとに個別につくられることが多い。

(8) デブサミ
デベロッパーズサミットの略。技術者コミュニティとの連携から生まれた総合ITカンファレンス。IT技術者のお祭りのようなもの。毎年開催される。

そのプレゼンを期間を決めてネット上で公開・共有していたがそれに対しても、「ドワンゴらしくない」というコメントを社外の人よりいただいたことから、当時の外から見たドワンゴの文化とGAFA的アプローチが対極にあったのではないかと思う。

属人化をなくすために、まずサービス型チーム(9)**を形成することから着手**した。その目的は、社員にチームの一員としてオーナーシップをもってもらうことであった。つまり自分のチーム、そして社員個人個人が何に責任をもって仕事をするかということを理解し、仕事を遂行してもらうためであり、これを徹底的に行なった。

最初に、サービス型チームとは何かを、課長以上のマネージャー陣に教え込んだ。そして、サービス型チームを構成するために必要なサービスオーナー、スクラムマスター、アーキテクト、エンジニア、オペレーターというロール（役割）を徹底的に浸透させた。ロールについての詳細は第4章で詳しく説明する。

ロールによって分担された仕事のオーナーシップが明確になったことで、あいまいさがなくなった。各々の仕事の目的がクリアになり、そして関係者の仕事への期待値の差がなくなったことによって、実作業に集中でき仕事の品質が劇的に向上した。そして、障害続きだったインフラが安定化していくことで、失われていたアプ

---

(9) サービス型チーム
仕事をサービスという機能として定義し、その中で各々の役割分担を明確に行ない、利用者に対する機能と品質の約束を守るチーム。

リチームとの信頼関係が徐々に改善し、仕事がスムーズに進むようになってきた。

特に、サービスオーナー会という毎週行なわれる会議に加えて、開発の状況をWiki(10)や口頭での会話、チャットでの議論等を通じて共有することにより、関係者の信頼関係が強固になり、さらに仕事の品質とスピードが上がっていった。

信頼関係ができると、すべての打ち手を一致団結して進められるようになった。ムダをなくすために、アプリとインフラのエンジニアが一丸となって、設計や設定の変更、過去のしがらみを捨てるなど、できることをどんどん進めていった。そして良いサイクルが回り出すと、社内外からやる気のある人材が加わるようになった。削減する予定であった費用を原資に、優秀な人材を集め、2018年3月末には、3年をかけてやろうとしていた改革が終わる見通しが立った。インフラ改革のゴールである、コストダウンと品質アップを同時に達成する目処が立ったということになる。

もともとなぜ3年計画だったかというと、今までできなかったから、3年は最低かかるだろうというザックリした見込みと、3年以内にどうにかしないとビジネス上厳しくなるだろうという予想から、その期間で計画を行なった。

---

(10) Wiki
WEBブラウザを使って情報共有をする仕組み。簡単に文書の整形や装飾が可能で、多人数、双方向で情報共有をする際に便利な仕組み。社内ポータルのように使える。

改革を進めた際に作成したインフラ投資に対する予想ＰＬ（損益計算書）も、３年でどうにかするという内容になっていたし、周囲もそれ以上のスピードで実施することよりも、何より安全に進めることを期待していた。

当時のＫＡＤＯＫＡＷＡのＩＲの情報にも記載されているように（https://ssl4.eir-parts.net/doc/9468/ir_material_for_fiscal_ym1/48151/00.pdf）、50億を費やしていたインフラコストが３年をかけて33億に下がり、高画質化を実現するという計画であった。実際は３年ではなく１年で終わらせることができたのである。

このように短期間で実現できたのは、ＧＡＦＡな働き方のおかげである。今まであった状態から、未知の領域へ進むために必要な道のつくり方、感情を理解しながらも合理的に企業設計をする横串チームと縦割りチームの接点マネジメント、それを進める際の人材マネジメントについて、私がキャリアの中で学んだことをドワンゴでただ実践しただけであった。くわしくは第１章で解説したい。

この改革の成果を認められたからかは不明であるが、その後私は株式会社ＫＡＤＯＫＡＷＡの執行役員となった。同時に、エンジニアの企業である株式会社ＫＡＤＯＫＡＷＡ Ｃｏｎｎｅｃｔｅｄを代表取締役社長として立ち上げ、４００名規模の人材をベースに、KADOKAWAグループのDXを推進している。

ここでも、ドワンゴでニコニコのインフラ改革を行なったときの進め方、言い換えると「日本型のGAFAな働き方」が、KADOKAWAのDXを進めるための成功のポイントであると日々感じている。


最後に、本書を執筆している2020年夏、新型コロナウイルスの影響で世界は大変なことになっている。KADOKAWAもこの苦難に向かって攻めと守りのDXを掲げ、今できるあらゆる打ち手を打っている。グループ全体で6000人の在宅勤務が可能になったものの、まだ道半ばである。チーム一丸となり、すべての関係者（クリエイター、社員、ビジネスパートナー、お客様）に対して、彼らの日々の体験を最高にするソリューションを開発しているところである。

そして、ドワンゴのニコニコ事業はチーム一丸となってサービスを提供している。従来までのファンだけではなく、これから利用される方々にも、サービスを体感していただき、日本を代表する配信インフラをもっているニコニコを、プレミアム会員やチャンネル会員になって支えていただけるとありがたい。

目次

第1章 GAFAな働き方を日本企業で活かす

第2章 攻めのDXと守りのDX

第3章

デジタルビジネスに成功すればOKか？

第4章

DXの基本となるサービス型チーム

第5章

改革に抵抗する人々とどうつき合うのか

第6章

DX人材のなり方・育て方

第7章 「守りのDX」リモートワークは成功するのか

第1章

GAFAな
働き方を日本企業で活かす

GAFAな働き方と逆GAFAな働き方

まず、DXを進める上で、みなさんが目指しているのはおそらくGAFAのような企業であろう。特に、アマゾンやグーグルのようなビジネスをしたいと考えていると思う。なぜならば、彼らがビジネスで成功しているからである。では、その成功しているGAFAではどのような働き方をしているのか簡単に整理してみた。

GAFAな働き方

- 企業文化や行動規範が明文化されている
- 仕事の役割が明確に設計されている
- コミュニケーションが最適化されている
- 実力主義（勘違いされることが多いが成果主義とは違う）で多様性がある
- KPI(1)やOKR(2)がクリア

(1) KPI
Key Performance Indicatorの略。業績を達成するための目標値、先行指標のようなものが多い。
(2) OKR
Objectives and Key Resultsの略。ちょっと難しいゴールと達成可能なゴール。

逆GAFAな働き方

- 行動規範と実際の働き方に大きなGAPがある
- 仕事の役割があいまい
- コミュニケーションコストが高い
- 同調圧力があり、年功序列
- ゴール設定があいまい

成功をしている外資系企業、筆者が所属していたEMC、VMware（ヴイエムウェア）、マイクロソフト、AWS(3)（アマゾンウェブサービス）など、成長をしている外資系ICT企業はほぼすべてGAFAな働き方を実践しており、伝統的な日本企業は逆GAFAな働き方をしているといえる。

では、筆者が働いてきた職場や企業を振り返りながら、GAFA型と逆GAFA型について具体的に触れてみよう。

参考までに申し上げると、当時の筆者はGAFA的なことに対する定義はもちろんなく、感覚的に自分に挑戦し続けられるという環境を求めていたと思う。

---

(3) AWS
Amazon Web Serviceの略。アマゾンの中で最も重要な事業の1つであり、世界でトップレベルの規模と品質のクラウドコンピューティングサービスを提供する企業。

1993年、筆者は新卒としてINSエンジニアリング（現在のドコモ・システムズ）に入社した。入社後の最初のプロジェクトは、他の多くのエンジニアと同じように、プログラミングや業務設計を行なった。大学卒業時点ではまったくコンピューターをさわったことがなく、ずぶの素人だった。ただ、やる気だけはあったため、新しい知識を吸収しながら日々仕事を乗り切っていた。

配属直後から3年間仕事をしていたのは、運良く先進的なプロジェクトであったため、比較的自由に仕事ができ、「GAFA的」要素があった。

一方で、3年後に移ったプロジェクトでは、仕事の役割があいまいで突然仕事が振られたり、同調圧力が強く、定時で帰るといやな顔をされることもあった。仕事の出来・不出来や能力・スキルの優劣に関係なくとりあえず先輩が偉いという年功序列もあり、情報共有が遅く、コミュニケーションコストが高く感じた。

そんな中でも、筆者は自分なりに工夫して仕事をしていた。たとえば、会社で支給されたPCのパフォーマンスが良くなく画面が小さかったため、給与2カ月分を払って当時、最速で最高級のスペックのPC（今でいうとiMac27インチのフルスペックに相当）を購入し、今でいうBYOD(4)（Bring Your Own Device）として会社に持ち込み、仕事を定時で終わらせるような、当時としては新しい働き方にチャ

(4) BYOD
Bring Your Own Deviceの略。個人で所有するPC、タブレットやスマホなどのデバイスを仕事で使うこと。

レンジしていた。

しかし、最初の職場と比べ、「逆ＧＡＦＡ的」な文化をもつ職場で息苦しかった。それに加えて、新しいマーケットを開拓したいと事業部長へ提言をしたところ経験がまだないからダメだといわれることがあった。最初のプロジェクトのように「ＧＡＦＡ的」な環境で自分自身に挑戦したいと考えた筆者は、１年間、このプロジェクトをこなした後に転職してみようと考えた。

そして、１９９７年、筆者は4年間勤務した日本企業を退職し、外資系企業へ転職をした。当時、転職することはまだまだ珍しく、大手転職エージェントは1社しか存在しなかった。その1社であるリクルートエイブリックを通じて、いくつかの内定を獲得した。

その中から選択したのは、Tandem Computers（以下、タンデムコンピューターズ）。社風は自由であるが責任は重い。ここではじめて自由と責任のマッチングを学んだ。いきなり大規模なプロジェクトに指名されたものの、入社直後であるがゆえに製品の技術的知識がまったくなく、留学経験や英会話スクールに通ったこともなかったため英語力もない。そんな中、必死に期待に応えようと製品の技術的知識をキャッチアップし、英語のスキルを高め、入社9カ月後にはお客様と本社に行って、本社のエンジニアチームと一緒に、お客様の大量のトランザクションを計測できるまでになった。

当時必要であったハードウェアのスキル、たとえばCPU(中央演算処理装置)、メモリ、システムバスのアーキテクチャ(5)、そしてソフトウェアのスキル、たとえばUNIXというOSの入出力アーキテクチャ、そしてOracle7(6)を高速化するためのメモリや入出力のチューニングなどは、全世界でも情報がほとんどない中、仮説を立てて必死に検証した記憶は今でも生々しく残っている。

当時の仕事の「アサインのやり方(まかせ方)」を一言でいうと「君に任せた、会社はできる限り支援する、できるところまでやってみろ」、こんな感じだった。

タンデムコンピューターズに入社した直後、同社はCompaq Computer Corporation(コンパック・コンピュータ・コーポレーション、以下コンパック)と合併することになった。そして筆者は当時、急成長していたビジネスモデルであるWintel(7)(ウィンテル)のど真ん中で仕事をすることになった。

コンパックの企業文化も「GAFA的」な要素をもち、自由＝責任という企業文化であった。

たとえば、だれも挑戦したことがなかった領域に果敢に挑戦しても、説明責任を

(5) システムバスのアーキテクチャ
CPU、メモリ、外部出力をするPCIスロットのようなものを含む、コンピュータ内の仕組み。

(6) Oracle7
当時重要なシステムで使われ始めたデータベースシステムの名称。

果たし、最後までやり切る責任感があれば、周囲は温かく支援してくれた。

その代表的なプロジェクトが、Windows NT＋8CPUのサーバ[8]＋Fibre Channel Storage[9]でUNIXを負かすというプロジェクトであり、今思い出すと無茶なことをしていた。

当時の筆者は28歳。同世代の営業と組んで、世界でも前例のない設計・設定で提案し、受注、構築、運用のフェーズまで、2人で推し進めた。大きな目標をもって、同僚のエンジニア、製品マーケティングチーム、保守チームで一丸となり、このような難しい案件をとってみようということになった。コミュニケーションをしっかりとって、それぞれの役割を果たしたことが成功要因だった。自由な裁量を与えてくれた上司に今でも感謝しており、このプロジェクトを一緒に行なっていた仲間と、その後のキャリアで何度も一緒に仕事をすることになろうとは、当時はまったく想像していなかった。

このプロジェクトのようにだれもやったことのない新しいノウハウを日本全国のコンパック社員、販売パートナー、お客様に展開すべく、IA Server Tips（Intel Architecture サーバ関連技術のノウハウ集）という情報共有の仕組みを本部内で立ち上げ、各エンジニアの持ち味を活かした上で、複数のテーマで情報集約、共有を

---

(7) Wintel
Windows＋Intelを組み合わせた略称。当時はウィンドウズOSを提供するマイクロソフトと、CPUを提供するインテルが組んでビジネスを密にドライブしていた。

(8) 8CPUのサーバ
コンピュータ内に8個のCPUがある大型コンピュータ。Windowsが動作する世界初の8CPUの大型コンピュータであった。

行なうことを加速させた。

当時はまだ主任という現場のリーダーの立場ではあったが、このあたりから、役割分担の明確化、コミュニケーション設計の重要性、ゴール設定の大切さなど、今の私の仕事のやり方の基礎ができ始めた。まさに「GAFAな働き方」を体験した期間であった。

コラム

Windows NT＋8CPUサーバでUNIXを負かす

当時、大規模システムといえば、メーンフレーム（大型コンピュータ）かUNIXでつくるというのが王道であった。若い私は、王道を壊して自分の道をつくるために、そのようなシステムをウィンドウズで構築提案をした。お客様の期待値が高かったものの、世界でも前例がない規模と構成であり、だれもそのような提案をすることはなかった。

しかし、挑戦することが価値であった当時の私は、コンパックの最新のサーバ

(9) Fibre Channel Storage
光ファイバーでつながる大型のデータ記憶装置。当時、ウィンドウズで光ファイバー接続をしているシステムは日本では数えられるくらいであった。

ProLiant 8500というだれも売ったことがない8CPUのサーバに加えて、当時はだれも提案をしたことがないFibre ChannelのStorageを組み合わせて提案した。だれもやったことのない設計であるため、ウィンドウズ、サーバ、ストレージ（記憶装置）の組み合わせやチューニングのノウハウがほぼゼロの状態であった。全世界のノウハウを集め、性能測定を行なって提案した結果、ライバルのUNIXに対して価格が半額以下、性能は同等かそれ以上という結果を出すことができ、コンペに勝つことができた。

このプロジェクトの成果は、世界でも前例がない規模と仕組みであったため、世界で初の挑戦者である私や一緒に仕事を行なっていたエンジニアたちが、世界のエッジを駆け抜けていたと思う。

今も昔も、前例がないチャレンジをして、そこのエッジを走り続けることは若者の特権であり、その気持ちを何歳になっても忘れてはいけないということである。DXの時代も同様に、常に挑戦をしていくことが大切なのはいうまでもない。

２００２年、筆者は5年間勤めたコンパックを退職した。なぜならば、ＨＰ（ヒューレット・パッカード）とコンパックの合併に納得がいかず、会社が信じられなくなったためである。

当時業績が絶好調であったコンパックとＨＰが合併することが決まり、リストラクチャリング（以下、リストラとする）のプログラムが走った。筆者は、その方針とプログラムの進め方に納得ができなかった。筆者は残る側といわれたが、合理的な理由を説明できない外資系企業の日本支社のマネジメントに失望し、退職を選択した。

当時の筆者は、コンパックとＨＰの合併のような、合理的な米国企業のマネジメントを深く理解できていなかった。しかし、この合併とリストラがきっかけで、日本人以外の人を深く知りたいと思い、アイルランドへ短期留学をしたり、米国的マネジメントを学ぶためにＭＢＡを取得することになった。それらの体験を通じて、

本当のグローバルとは何か？
資本主義の中での企業マネジメントとは何か？

ということを学んだ。そして、

グローバルと対をなす「日本らしさ」とは何か？
グローバルな企業マネジメントの良さを活かした新しい「ベストな日本型マネジメント」はどんなものか？

を、深く考えるようになった。

カスケード――リーダーシップの連鎖

そしてその後、筆者はディスクストレージ（円盤型の磁気による記憶装置）の世界的大手企業ＥＭＣに入社した。

最初は同社の日本法人であるＥＭＣジャパンに所属する形であった。日本法人は典型的な日本企業であり、ユーザーの課題解決を行なうのではなく、製品を箱で売るという体質であった。時に箱売りも解決策にはなるが、それは筆者が求めていたものではなかった。

筆者は組み合わせたソリューションをお客様目線で提供する仕事をやりたいと考え、それを主張し続けた結果、ＥＭＣ Ｃｏｒｐｏｒａｔｉｏｎ（以下、ＥＭＣとする）の北米本社所属のＲ＆Ｄチームに移籍することになり、日本を含むアジアパシフィック向けのソリューションのＲ＆Ｄをすることになった。

ここでも「ＧＡＦＡ的」なことをたくさん学んだ。

本社の役員から現場のマネージャーの筆者まで、ゴールが一気通貫であり、チームは運命共同体であることを強く感じた。

リーダーシップ・カスケードという言葉がある。組織の中をカスケード＝ＣＡＳＣＡＤＥ（幾筋もの滝、階段状に連続する滝）のように、リーダーシップを連鎖させていくことを意味し、リーダーが集まる席上では「カスケードする」という言葉が何度も聞かれる。ＥＭＣでは上司のゴールを教えてもらって、そこから各自がしっかりカスケードする。つまり、上司のゴールを自分に落とし込んでいき、自分のゴールを見定めていく。これこそが、北米にある本社チームとの距離を近づけるための最良の仕組みであった。

ゴールを同じくしていれば、課題事項の共有もしやすい。アジアパシフィック担当だった筆者が、同じ役員配下にある北米担当やヨーロッパ担当の同列のマネージャーとはじめて会ったときに、すぐに仲間意識が芽生え、深い議論をできたのは、ゴールが明確であったことが大きな要因だと思う。

ボストンにある本社に行った際も、「コレをやりたい！」という明確なメッセージをもってキーパーソンを訪問し続けると、全員各々の役割をまっとうしてくれるため、仕事を進めやすかった。ＯＫ／ＮＧがハッキリしているので、ムダな時間を使わなくてすんだ。

特に、ウィンドウズ、Exchange Server(10)、そしてディスクストレージが連携するWindows Server 2003(11)の新機能Volume Shadow Copy Serviceをベースとした、EMC Replication Manager(12)という新製品の開発をする際に、「カスケードする」マネジメントスタイルが機能した。この技術はハイテク技術であり、だれもが実現したかったことを、マイクロソフトとＥＭＣが連携して実現した夢の技術であった。

筆者は、日本のユーザーが望んでいる仕様を、北米にある本社チームでコードを書いているエンジニアにインプットした。さらに、マイクロソフトのグローバルのＲ＆Ｄチームと連携することによって日本のユーザーが望んでいる機能の追加や、品質を達成することができた。

(10) Exchange Server
企業向けメールサービスを提供する、ウィンドウズ上で動作するソフトウェア。

(11) Windows Server 2003
2003年にリリースされた、Windows2000の後継となる企業向けシステムのオペレーティングシステム。

この製品が一定の成功を収めた要因は、コードを書いているチームのゴールがハッキリしていること、そして仕事を進める際にYES／NO、OK／NGがハッキリしていること、この2つであった。

もちろん、人間がやる仕事なので、結果的にゴールが未達になってしまったり、ミスが発生したりすることはあった。ただ、すべてのレイヤーの社員から本社の役員に至るまで、「約束は何か」ということがハッキリしているので、成功・失敗を繰り返しながらも、会話に軸をもって物事を進められたため、交渉を行ないやすかった。

2005年、筆者は新しい挑戦を求めて、サーバの仮想化技術を提供するVMwareに入社した。VMwareとは1台の大型コンピュータを論理的に分割する、ハイパーバイザーと呼ばれるサーバ仮想化技術を提供するソフトウェア企業である。その技術は、クラウドのコア技術となり、IT業界の人以外は直接目にすることはないが、日本で稼働するほぼすべてのITシステムで利用されている。その技術を使った製品として、一部のMacユーザーにはVMware Fusion（Macの上で、ウィンドウズを実行するソフト、仮想化技術が使われている）が有名であ

(12) EMC Replication Manager
Volume Shadow Copy Serviceと連携をし、ウィンドウズのバックアップを瞬時にとるソフトウェア。

る。

EMCでの経験をもとに、新しい自分への挑戦の場を求めて移籍した。当時のVMwareは、ベンチャー企業であり、本社のオフィスも間借りで、日本法人においてはレンタルオフィスであった。採用面接をしてくれたのは本社の副社長だった。つまり筆者の上司の上司が本社のCEOであるダイアン・グリーンという距離感の会社であった。ここではベンチャー企業から成長企業になる組織文化の中で「GAFA的」な仕事の経験をたくさん積むことができた。

入社当時、日本で16人の社員、世界でも600人という規模の会社であったため、あらゆることを自分でやる必要があった。主となる業務は技術営業なのだが、あるときにはコンサルサービスの提供、あるときはトレーニングコースの講師、あるときは障害対応でお客様先に張りつき、またあるときは営業不在の案件なので営業活動もしていた。

VMwareもベンチャー企業の典型的なパターンからもれず、少数精鋭で仕事をするがゆえに、独りで多数の業務をこなすことによって、仕事が属人化しやすい状況が続いていた。

数年後には売上げが急激に伸び、社員も100人を超えるようになり、チームワークが大切になってきた。

２００８年当時、ＶＭｗａｒｅのメイン製品はvSphere 4[13]というサーバの仮想化製品で、たくさんの機能を搭載していたため、プロダクトマネジメントは簡単ではなかった。

この製品の売上拡大のために、社歴が長く、ビジネスの全体像をよく知っていることに加えて、製品や技術についても深く知っているという理由から、筆者が日本マーケット担当のプロダクトマネージャーとなり、全社を俯瞰した製品の販売の仕組みづくり、そして役割分担、人材育成を行なった。

人材育成をする中で、会社がしっかり社員研修（外資系企業ではEnablement Programと呼ばれる）を提供していたことが特に印象に残っている。たとえば、北米本社が提供する、入社したらすぐに受講するNew Hire Trainingと呼ばれる１週間の中途採用研修がある。それはサンフランシスコで開催されるため、本社のキーパーソンと知り合いになる最高の場所であった。ＶＭｗａｒｅがどんな会社かを知るだけでなく、世界の同期入社の仲間と仲よくなり、自分たちの過去のキャリアやＶＭｗａｒｅに入社した背景、そして人生観等を共有する。異なる背景の人が集まり、一気にチームワークを高める仕事のやり方について、深く学んだ。

(13) vSphere 4
2009年にリリースをされた、VMwareの第４世代仮想化製品。従来の便利な機能に加えて、さらに機能が追加され、仮想化技術が世界に広がった。

日本企業を見ると、中途社員向けにこのような場づくりがしっかりできている会社は少ない。なぜならば、中途入社を前提で会社を設計していないからである。ほとんどが現場任せであるように思う。

中途入社だけではなく、新しいビジネスパートナーのように途中からビジネスの枠の中に入ってきた人はだれでもがスムーズに立ち上がれるようにする仕組みと文化を、日本のＶＭｗａｒｅはビジネスにかかわる人に対して、Enablement Programという枠組みで対応していった。

本気で人材育成を行なう会社

ＶＭｗａｒｅの製品や技術を売るためには、技術に対する意思決定者のＯＫが出ることが必須である。そのため、関係をもてるようになったお客様や販売パートナーのエンジニアとの間に対等な関係をつくることが大切である。

そうした関係構築のために、ＶＭｗａｒｅの社員が入社時に受ける新人研修のような形で、まるでお客様や販売パートナーがＶＭｗａｒｅの従業員になったかのような体験をEnablement Programを通じてしてもらうのである。

座学での学び、無償でのハンズオン、『VMware徹底入門』（翔泳社）の提供、各種イベント、日々の支援、コミュニティの立ち上げ等、今でいうとサブスクリプションビジネスのカスタマーサクセスのような活動を徹底的にした。

カスタマーサクセスとは、顧客の事業の成功と自社の収益を両立させることを目指し、必要な顧客のアクションプランなどを用意して能動的に顧客に対して提案することをいう。受動的に顧客の要望を満たすためにサポートを行なうカスタマーサポートとは別のものである。

このカスタマーサクセスを実現するために必要なことは、自社の収益とともに従業員の仕事上での成功、従業員のありたい姿を実現するためにさまざまな取り組みを行なうこと、すなわちエンプロイーサクセスである。

今でこそエンプロイーサクセスがカスタマーサクセスにつながるということは理解されているようになっているが、これがVMwareでは2005年当時から実践されていたのである。

特に、従業員が体験をした良い体験、具体的には自分自身が成長して成功した体験を、社外にいる自分のビジネスパートナーやお客様に伝えることによって、彼らの成功を一緒につくり、そのつながりを深めていくという構図が重要である。自分自身で体験した良い体験は、その人自身の言葉で伝えることができる。そして、社員だけではなく、社外までそれを体感できる仕組みを提供することで、一緒に成長してビジネス生態系を確実に広範囲に広げることができるようになるということだ。

２００５年当時、印象的なＫＰＩを１つつくった。とりあえず「担当する業界のお客様である技術面でのキーパーソンとランチを食べてくる」というものである。これは合理的な先行指標のＫＰＩであると思う。名も知れぬベンチャー企業のエンジニアが、技術面でのキーパーソンとランチを食べてもらうまでに関係をつくるのはそこそこ大変である。

つまり、忙しい技術面のキーパーソンが、ランチ代以外の価値が何かあると思ってくれないと、これを実現できない。当時の私はデジタル技術のインフラのプロであったため、ランチを１回食べるとお客様の課題を２、３個解決できた。そのような会話を地道に続けることにより、技術面でのキーパーソンとの信頼関係ができて、ＶＭｗａｒｅという名も知れぬ会社と仮想化技術の製品についても信用してくれる人が増え、サーバの仮想化の導入が日本全国で早まり、遅行指標のＫＰＩである売上げの目標を、その後、筆者が退職するまで連続して（リーマンショック時の調整を除く）達成することができた。

ＶＭｗａｒｅに在籍した7年間で、ベンチャー企業から大企業へと「ＧＡＦＡ的」企業が成長する過程を体験し、立ち上げ時のベンチャースピリットを維持できるように、成長過程でもあらゆる施策を打っていることを体感しつつも、やはり大企業になると、会社は変わってしまうのかという寂しさを少しずつ感じていた。

ベストな日本型マネジメントを探る

２０１２年、筆者はグロービス経営大学院にてＭＢＡを取得し、その学びを活かしたいと考え新しいチャレンジの場を求めて楽天に移籍した。

楽天は日本企業の中でも一部「ＧＡＦＡ的」な要素をもつ企業として有名である。ＫＰＩをしっかりレビューすることや、ロール型の採用があること、ビジネスのリズムがしっかりしていること、中途採用研修がしっかりしていること等、日本企業でもやればできると感じさせる体験を多数できた。一方で、日本企業らしいところが1つあった。

コミュニケーションの属人化である。

当時のコミュニケーションは、ツールがバラバラで、意思決定をするためのプロセスも定義されておらず、いつ・だれが・どの方法でコミュニケーションをして決めるのかがあいまいであった。検討→購買→設計→設定までの流れがスムーズでなく、仕事の効率が良くないことが課題であった。

EMCやVMwareで合理的なコミュニケーションスタイルを学んできた私は楽天のエンジニアチームのコミュニケーションに課題を感じ、入社数カ月後に、コミュニケーション改革プロジェクトを立ち上げ、コミュニケーションを整理し3カ月で改革を完了した。その結果、チームワークが高まり、ムリ・ムダ・ムラがなくなり、仕事の効率は2倍以上になったと当時は感じた。

ここでの経験が、第5章で解説するコミュニケーション改革の原点になるのだが、その内容を端的にいうと、コミュニケーションは設計するものであり、現場に任せっぱなしではいけないということである。

コミュニケーション改革、データセンター移転、アジア最大のプライベートクラウド（当時1万5000VM）[14]立ち上げを実施した。東北楽天ゴールデンイーグルスの田中将大選手（2013年当時）のスプリットによる三振でテープが切られた楽天イーグルスの優勝セールを乗り切った後に、マイクロソフトに移籍することになった。

英語化（Englishnization）をはじめとするグローバル化を推し進めている日本企業という2つの文化が混ざった楽天での仕事を通じて、コンパックを退職した際に考えていた「ベストな日本型マネジメント」のヒントを得ることができた。それを他の会社でぶつけてみたいと考えたのである。

2013〜2014年にかけてはじめの1年はMicrosoft Corporation（米国マイクロソフトの本社）の一員として、次年度は日本マイクロソフトの一員として多くのGAFA的仕組みの裏側について学んだ。

それは、**完全なジョブ型**(15)**の組織設計であり、仕事の役割を「徐々に」変えながら会社を変革する**マイクロソフトという会社の本質を見た。この「徐々に」というところが重要。深くじっくり考えて大きく変化させるよりも、大きな変革に向けた仮説を立てて、人間が追いついていけるギリギリのスピードで「徐々に」変化をつくっていたのである。

その本質はマトリックス組織にある。まず、アカウント担当（お客様を主軸とし

---

(14) VM
Virtual Machineの頭文字。仮想マシン。仮想化の技術を用いてコンピュータを動作させることや、1つのサーバを複数サーバあるように分割させることをいう。

(15) ジョブ型
職務記述書をつくり、職務を明確にして、人材マネジメントを行なう。

て仕事をする役割）、製品担当（製品やサービスを主軸に仕事をする役割）という軸、オンプレミス（既存のライセンス型ビジネス）、クラウド（新しいサブスクリプション型ビジネス）という軸、サーバ、クライアントという軸、それだけでも複雑なマトリックスになる（図表1）。

しかも、「実質」有無をいわさず米国本社からKPIと組織図が降ってくる。それも半期ごとにKPIや組織図もアップデートされていく。アジャイル型のビジネスマネジメントであった。アジャイルとは、仕様や設計の変更が当然あるという前提に立ち、はじめから厳密な仕様は決めず、おおよその仕様だけで反復開発を開始し、徐々に開発を進めていく手法であり、それを組織運営に適用していた。

図表1　マイクロソフトのマトリックス組織

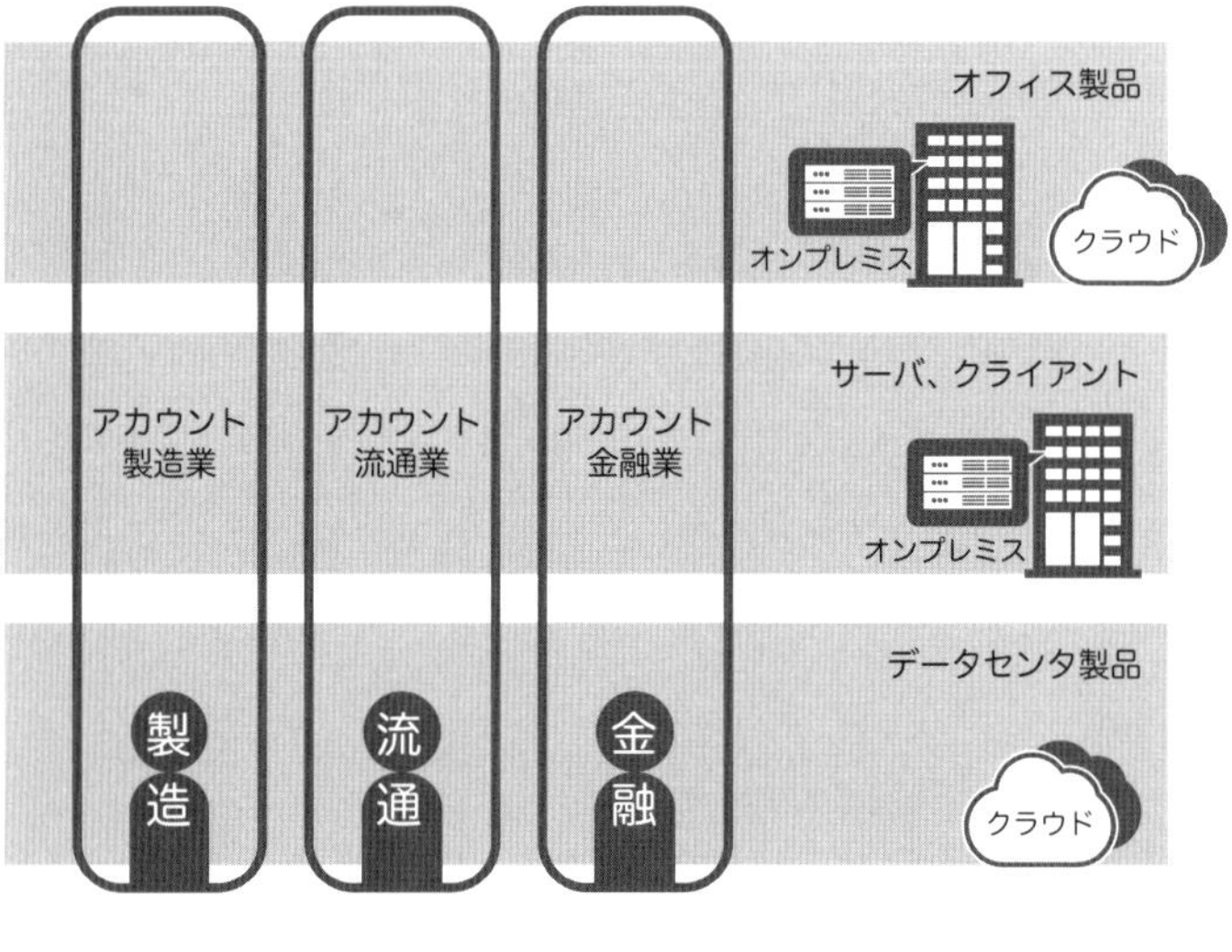

半期ごとに仕事の役割が変わるため、時代にあった組織になっていくと同時に、必要な役割に変化した上で、ゴールを達成できない社員は在籍することができない。また、中途採用のポジションと社内異動のポジションが実質まったく同じであるため、中にいる社員と社外にいる候補者がほぼ同じ扱いになる。必要な人材のスキル、ジョブレベル、責任範囲が社内外のＷＥＢサイトに同じように掲載されており、応募したい人は社内外のだれでも制約なく応募できる仕組みになっていた。つまり、ライバルは社内外にいるということである。

筆者は米国マイクロソフトの本社採用枠で入社したが、１年後に日本マイクロソフトのクラウド、サーバ、クライアントの技術チームのシニアマネージャーとして異動した。これも先に説明した異動の仕組みにより実現できた。

変化と挑戦を是とする企業文化の中で、マイクロソフトは私が日本のユーザー企業に対してノウハウを提供したかった「ベストな日本型マネジメント」を開発することを後押ししてくれた。私は「クラウドマネージャー育成講座」という半日のワークショップのプログラムをつくり、数百名以上のユーザー企業の管理職の方々に受講いただくことができ、そこで多くの情報を提供すると同時に、彼らからもたくさんのことを学ぶことができた。

クラウドとは何か、それをマネジメントするために必要な論点は何か、そして必要なスキルは何か、今のDXといわれていることに必要な論点を何度も議論をすることができた。この経験に加えて、その後AWSでコンサルティングチームを率いることにより、ドワンゴで改革をするベースができた。

マイクロソフトで働いて強く感じたことは、この会社の強みは「大胆に変われる」ということだ。特に、ミッドイヤーレビュー(16)というビジネスレビューを通じて、あらゆるものが変わっていく。朝令暮改ももちろんあり得る。現場は混乱し、不完全な打ち手が本社から降ってくる。しかし、現場からどんなことをいわれようと、それをやり切るというのがマイクロソフトの強みである。

ライセンスビジネスからサブスクリプションビジネスへとビジネスモデルを切り替えるという目標を達成するために、自分たちの過去のやり方にこだわらず、徹底して変化し続けるというやり方に会社の執念を感じた。たとえば、目標を達成する過程で不協和音が発生したとしたら、方針そのものは変えないもののすかさず緩和策を入れる。そして彼らの企業文化はプロダクトアウトの文化から、顧客中心の文化に変わった。

一方で、VMwareやAWSはビジネスモデルを大きく変更せず、自分たちが

(16) ミッドイヤーレビュー
年度の途中で、ビジネスの状態を確認し、各種戦術を変更することを決定する仕組み。

一度決めたやり方を徹底的にやり切る。その後、徐々に改善をしていくというやり方でマネジメントをしていた。

特に、自らルールをつくっていくＡＷＳは自らが変わるのではなく、「顧客やビジネスパートナーが自分たちのビジネスモデルにフィットするか」について実験を始め、彼らがどのように変わっていくのかを常に探っているように見える。同じクラウドビジネスをしているマイクロソフトとＡＷＳだが、社内のマネジメント哲学は異なると筆者は今でも感じている。

そして、ＶＭｗａｒｅは既存のビジネスが強すぎるがゆえに、変化が難しい状況であると思う。今後どのように変化していくのか見守っていきたい。

アマゾンの働き方は素晴らしいが……

２０１５年、筆者がＩＣＴ業界のロールでこれまで唯一本格的にやったことがない仕事をすることになった。コンサルティングサービスの提供である。

筆者はＡＷＳの日本マーケット向けのコンサルティングチームを率い、クラウド

Think Big

狭い視野で思考すると、大きな結果を得ることはできません。

リーダーは大胆な方針と方向性を示すことによって成果を出します。

リーダーはお客様のために従来と異なる新しい視点を持ち、あらゆる可能性を模索します。

Bias for Action

ビジネスではスピードが重要です。

多くの意思決定や行動はやり直すことができるため、大がかりな検討を必要としません。

計算した上でリスクを取ることに価値があります。

Frugality

私たちはより少ないリソースでより多くのことを実現します。

倹約の精神は創意工夫、自立心、発明を育む源になります。

スタッフの人数、予算、固定費は多ければよいというものではありません。

Earn Trust

リーダーは注意深く耳を傾け、率直に話し、相手に対し敬意をもって接します。

たとえ気まずい思いをすることがあっても間違いは素直に認め、自分やチームの間違いを正当化しません。

リーダーは常に自らを最高水準と比較し、評価します。

Dive Deep

リーダーは常にすべての業務に気を配り、詳細な点についても把握します。

頻繁に現状を確認し、指標と個別の事例が合致していないときには疑問を呈します。

リーダーが関わるに値しない業務はありません。

Have Backbone; Disagree and Commit

リーダーは同意できない場合には、敬意をもって異議を唱えなければなりません。

たとえそうすることが面倒で労力を要することであっても、例外はありません。

リーダーは、信念を持ち、容易にあきらめません。安易に妥協して馴れ合うことはしません。

しかし、いざ決定がなされたら、全面的にコミットして取り組みます。

Deliver Results

リーダーはビジネス上の重要なインプットにフォーカスし、適正な品質で迅速に実行します。

たとえ困難なことがあっても、立ち向かい、決して妥協しません。

図表2　アマゾンのOLP

「Our Leadership Principles」

Customer Obsession

リーダーはお客様を起点に考え行動します。

お客様から信頼を獲得し、維持していくために全力を尽くします。

リーダーは競合にも注意は払いますが、何よりもお客様を中心に考えることにこだわります。

Ownership

リーダーにはオーナーシップが必要です。

リーダーは長期的視点で考え、短期的な結果のために、長期的な価値を犠牲にしません。

リーダーは自分のチームだけでなく、会社全体のために行動します。

リーダーは「それは私の仕事ではありません」とは決して口にしません。

Invent and Simplify

リーダーはチームにイノベーション（革新）とインベンション（創造）を求め、
同時に常にシンプルな方法を模索します。

リーダーは状況の変化に注意を払い、あらゆる場から新しいアイデアを探しだします。

それは、自分たちが生み出したものだけに限りません。

私たちは新しいアイデアを実行に移す時、長期間にわたり外部に誤解される可能性があることも受け入れます。

Are Right, A Lot

リーダーは多くの場合、正しい判断を行います。

優れた判断力と、経験に裏打ちされた直感を備えています。

リーダーは多様な考え方を追求し、自らの考えを反証することもいといません。

Learn and Be Curious

リーダーは常に学び、自分自身を向上させ続けます。新たな可能性に好奇心を持ち、探求します。

Hire and Develop the Best

リーダーはすべての採用や昇進における、評価の基準を引き上げます。

優れた才能を持つ人材を見極め、組織全体のために積極的に活用します。

リーダー自身が他のリーダーを育成し、コーチングに真剣に取り組みます。

私たちはすべての社員がさらに成長するための新しいメカニズムを創り出します。

Insist on the Highest Standards

リーダーは常に高い水準を追求することにこだわります。
多くの人にとり、この水準は高すぎると感じられるかもしれません。
リーダーは継続的に求める水準を引き上げ、チームがより品質の高い商品やサービス、
プロセスを実現できるように推進します。
リーダーは水準を満たさないものは実行せず、問題が起こった際は確実に解決し、
再び同じ問題が起きないように改善策を講じます。

活用の啓発とコンサルティングチームの売上げを上げるミッションをもっていた。

まさにＧＡＦＡ「的」ではなく、ＧＡＦＡのど真ん中で、日本の責任者としてアマゾンのグローバルな手法を日本型に適応させながら日々のビジネスを回していた。２０１５年時点、日本で出てきたアイデアでもそれが優れているならば、グローバルに展開する自由があったのが、ＡＷＳのコンサルティングチームの良いところであった。

アマゾンではＯＬＰ（図表2）という行動規範が明確であり、入社時と評価時にこれらを軸に評価する。これがあるがゆえに、価値観の目線合わせが楽になり、一定レベル以上の人材を確保・維持できる仕組みになっている。

また、サービスをつくる場合はInternal Press Release（社内向けプレスリリース）というものを作成し、サービスを開発する前にあたかもサービスをリリースするような状況をクリアにイメージし、爆速でそのサービスをつくり上げていく。リリースする前に状況が変われば、そのInternal Press Releaseをアップデートして、ベータ版のサービスをつくるなど、柔軟性をもった仕事の進め方をしていた。

そして、**すべての重要なプロセスには、プレゼンテーションソフトを使わずドキュメントを書くという文化があり、文字にできないものは、詰めが甘いと考えら**

れ、口頭でごまかすということを一切許容しないという厳しさがあった。具体的にいうと、パワーポイントを禁止し、伝えたいことをすべて文章にするということだ。たとえば、部下を昇進させるためには、英語で3ページの資料をつくり、周囲を「その文章で」納得させる必要があるなど、一般企業にはない厳しさがあった。新規ビジネスの提案もパワーポイントではなく、文章でつくることが必須だった。

ＡＷＳの仕事の進め方は合理的であり、納得がいくことが多かった。しかし当時の私は「ベストな日本型マネジメント」とは違うのではないかと感じていた。

その後、ドワンゴへ移籍し、プロローグで述べた通り、ドワンゴでのインフラ改革により、日本型ＧＡＦＡ的なマネジメントの手法を発明するに至った。

ＡＷＳのやり方をベストな日本型マネジメントではないと感じていたポイントは、「仕事のパフォーマンスが十分でない人は不要」「ＡＷＳの厳格なやり方にマッチしない人は不要」という極端なマネジメントであった。このやり方を突き詰めると、たとえば、日本人の50％以上は不要な人である。ＡＷＳの文化にマッチする仕事をできる人がたくさん働いていて、そうじゃない人の人生は知らない、というモノカルチャーの空気を筆者は感じてしまった。

一方、ドワンゴに入社して感じたのは、多様性であった。仕事ができる人とそうじゃない人が混在していた。趣味嗜好もバラバラで、AWSとは正反対であった。多くの社員たちの間で唯一共通していたのが「ニコニコ動画が好き」ということである。その好きという軸に、人が集まっていたのだ。この多様性を残しながらAWSのようなガバナンスの仕組みを「うまく」取り入れると、「ベストな日本型マネジメント」をつくれるのではないかと強く感じた。

では、このような流れの中で得た「ベストな日本型マネジメント」のポイントを5つに整理しよう。なお、各ポイントの最後に読者のみなさんへの質問を載せてある。みなさんにはぜひ、このポイントひとつひとつが自分に当てはまるかどうか確認しながら読み進めてほしい。

ポイント1　企業文化や行動規範が明文化されている

一般的な日本企業では、会社のビジョンやミッションや行動規範があるが、現場の感覚から離れていることがよくある。時にはそれが形骸化していたりする。

たとえば、「我が社の行動規範は『チャレンジ』である」「新しいデジタルビジネスを始めるぞ」という声が経営のトップからあがっているのに、事業部の長が「利益が厳しいからコストダウンをしなさい」と矛盾することを現場に伝える。その結果、予算の見直しを行なわないまま、チャレンジをしなさいといわれるため現場が疲弊してしまう。

また、「我が社の行動規範は『自由闊達』だからリモートワークを全社でやるぞ！」とトップがいい出しても、現場の準備を支援するための計画が不十分でなかなか整わないことがある。現場の社員たちのリアルな状況にあまり興味をもたない経営陣は、進捗が芳しくないと「なぜできていないんだ！」と現場が萎縮する言葉を発したりする。その結果、現場はますます萎縮してしまう。

「あのマーケットに進出して、シェア30％をとって成功するのだ！」ということを経営トップがいい出した後に、ヒラメ社員（上司に忖度《そんたく》をする社員）がフワッと解釈をして、経営トップのいったこととかけ離れた指示を現場に出す。それがうまくいっていない場合は、その事実をギリギリまで報告せず、その失敗をだれに押しつけるか考えて逃げ切ろうとする。現場もそれは十分承知なので、現場はベストを尽くさず、ますます成果が出にくくなるという本来の目的からかけ離れた挑戦になってしまう。

例をあげればキリがなく、できない理由はさまざまではあるが、経営者の言葉が現場に届かず、現場の声が経営者に届かない……。そんなことが日常的に発生していると思う。

経営者と現場の連携がうまくいかない原因は、行動規範をベースに、徹底的に現場を動かし続ける仕組みの弱さにある。そして、解決するためには、社員に対して常に行動規範を問われる緊張感をもてるような仕組みをつくるほかない。

たとえば、ゴール設定の際に、行動規範についても明確に記載したゴールを考える仕組みをつくるのだ。また、中途採用者に関しては、その行動規範に共感した社員のみを採用するのである。このように行動規範を徹底しないため、トップから現場まで連携ができない、または連携させるためのコミュニケーションコストが高すぎて、動きが遅くなったり、調整という名目でメッセージがフワッとしたものになり、実行時にはトップが決めたことと比べて、解像度の低い仕事になってしまう。

行動規範から外れ「始めた」社員がいたら、彼らの持ち味に合わせた役割を割り振り、復活を後押しする。復活できない社員やすでに完全に外れてしまっている社員は、場合によってはその人材がベストパフォーマーであっても各々のスタイルに合った会社で活躍する選択をしてもらうことも重要だ。仕事ができる・できないの2軸ではなく、「行動規範に沿って仕事をしているか」という点でチェックするのがポイントである。

〈読者への質問〉

- **みなさんの会社では、会社の行動規範と現場にギャップはありますか？**
- **そのギャップを埋めるための動きはありますか？　あなた自身は、それを埋める活動をしていますか？**
- **それを任せてもらい実施できるスキルアップをあなたはできていますか？**

これを解決するには時間がかかるが、やらないと何も始まらない。

ポイント2　仕事の役割が明確に設計されている

近年の日本企業は中途採用を積極的に行なっているため、仕事内容（Job description）は明確になり始めている。しかし残念ながらそれが形骸化しており、仕事内容と報酬や権限がアンマッチであり、そこが埋まらないため良い人材を採用できていないという例をよく見かける。

一方で、外資系企業は仕事内容が明確であり、実態とのギャップも小さく、「就社」ではなく本当の意味のジョブ型の就職ができる。

職に就く前から業務内容がわかっているため、期待に近い仕事ができ、プロとしてキャリアを積み重ねられる。そのため、新卒社員から、勤続20年のベテラン社員だけでなく、中途採用の社員までもが同じ方向を向いて仕事ができる。もしビジネス環境が変化し、会社の方針、事業、報酬や期待値が変化し企業文化が変わってしまい、それらが自分の考えに合わなくなってきたら、時代の変化についていけているジョブ型人材は新天地を求めるという選択もしやすい。

そのような背景から、経営者は良い人材を確保・維持できるように、必死で企業文化を維持・改善しようとしていると思う。

〈読者への質問〉

● **みなさんの仕事の役割は明確ですか？**

- **その仕事の価値とは何かということが明言されていますか？**
- **そしてその役割は業界や社会で通用するものでしょうか？**

人事システムを変えるまでいかなくても、自身のチームの改革だけでもやってみる意味はある。

ポイント3　コミュニケーションが最適化されている

コミュニケーションは人間がもっとも時間をかけているところで、ここが最適化されていると人の生産性は最大化され、セルフコントロールできると自分らしい人生を送ることができると思う。

前述のように、ＡＷＳでコンサルチームの責任者をしていたとき、アマゾンの仕組み化について深く触れることができた。徹底的な四半期ごとに行なわれるビジネスレビューと言い訳のできないコミュニケーションプロセス、最適化された仕組みのレベルは世界最高峰であると思う。

コミュニケーションがまるでＡＰＩみたいにスムーズに連携するよう設計されているため、「何をインプットすると何がアウトプットされるか」について利害関係者全員が事前に理解している。それができているため、利害関係者全員のお互いの期待値が明確になり、信頼関係を構築しやすく、本当に仕事が楽であった。一方で、最適化されすぎて会話に余裕がなく、窮屈に感じることもあった。ＡＷＳにて世界最高峰を感じた後に、日本企業であるドワンゴでコミュニケーション改革を行なったことを通じて、どれくらいのゆとりを入れるとよいかという感覚を構造化して理解することができたため、それが現在行なっているＫＡＤＯＫＡＷＡのＤＸで大きく役に立っている。

コミュニケーションの設計方法についての詳細は、第5章で説明する。

ドワンゴのインフラ改革、ＫＡＤＯＫＡＷＡのＤＸでは、多くの人に動いていただく必要があったため、コミュニケーション改革を重視し進めた。

具体的には、社員には、これまでのプロセスを捨て、新しいやり方を身につけてもらうために、幾度となく説明をする機会が必要だった。しかし、いくら文書で説明したところで本当に人に伝わり、動いてもらうのは困難を極める。すべての考えを文章にすると、隙間がなくなり、人間が自分で考える余地がほとんどなくなっていくのだ。そこで、もっとも仕組み化された文章というのは、もしかしたら漫画かもしれないという考えに至った。よって、今では、ドキュメントの代わりに可能な限り漫画を使うというアプローチを採用している。

漫画ならば日本人は昔から読み慣れているし、文字だけでなく絵とストーリーによってイメージが頭に入ってきやすいからである。また、文字だけで伝えるときより数倍も読もうという気にさせやすい。人の想像力を刺激することもできる一方、ある一部分だけを徹底的にロジカルに細かく表現することができる。そのような揺らぎがあることによって、人が自分で行動できるようになると同時に、難しい箇所をわかりやすく表現することで、前進するための壁を取り除くことができると考えている。

〈読者への質問〉

- **みなさんの会社ではコミュニケーションが設計され、そのプロセスと内容が可能な限り全社に公開されていますか？**
- **それらについてのマネジメントを行なう責任者がいますか？　一般的には組織の上長が行ないますが、あなたの上長はしっかり行なってくれていますか？**

コミュニケーション改革も身近なところから実施してみるとよいだろう。全社改革をしなくても今所属しているチーム、組織、ビジネスユニットだけでできるはずだ。

ポイント4　実力主義で多様性がある

人事管理は「人」「仕事」「賃金」という3つの要素で成り立ち、その3つの均衡を図りながら人材を成長させていくことが目的である。その3つの要素のバランスを図るために「能力主義」「成果主義」と「実力主義」がある。

「能力主義」は「人」に着目する。人を育て、レベルを高めることで仕事内容をあげ、それがすなわち賃金に反映される。

「成果主義」は「仕事」に着目する。先に仕事の価値を決め、その上で評価が行なわれるのである。たとえば、能力はあるが、成果を何らかの理由で出していない人の場合、給与は高いが賞与は低い。一方で、能力はまだイマイチだが運良く大型案件をとれた人の場合、給与は低いが賞与が高い。そのような構図になる。

そして**「実力主義」はもっている能力とその能力を実際に発揮して仕事を遂行しているかに着目**する。つまり、能力の実行を実力と考えている。たとえば、実行をしたが、売上げや利益の達成、プロジェクトのオンタイムのリリースなどの成果が出ていないときがある。能力と成果をはっきりわけて考えるのである。

成果主義で良いところは案件をガンガンとって来るハンター型の営業だけでよいかもしれない。それ以外の社員は実力主義で給与を設定しつつも、成果は水物ということでボーナスで上げ下げすればよいと思う。これは、私がインフラ改革時にリードしていたドワンゴのＤＣＳ部（Dwango Cloud Service部の略）の考え方である。人の実力を測るのは簡単ではないが、結果的に３６０度評価できていれば、給与の不公平感はなくすことができる。一方でボーナスの不公平感はなくすことができない。取り組んでいる仕事が大成功するかどうかは個人の力ではどうにもならないからだ。

能力と成果を分離し、多様性のある人材を受け入れるとマネジメントが相当難しくなる。なぜならば、「実力」という側面で比較するのが難しいためである。それを解決するために、ドワンゴのＤＣＳ部では、ロールアサインという概念と、ピープルポートフォリオという仕組みをつくり、実力主義と多様性を可能な限り両立できるようにした。第5章でくわしく説明したい。

〈読者への質問〉

●みなさんの会社では、「人手が余った場合営業してこい」ということが起こったりしませんか?
●みなさんの強みと、会社が求めていることはマッチしていますか?
●社内のことを知っているだけの人が幅を利かせ、社外のことや将来競合になるマーケットにくわしい人を活かせていなかったりしていませんか?

まずは、自分自身を実力主義に当てはめた場合、何人の人を動かしたり、売上規模や投資金額など、本来、ご自身が責任をもてる大きさについて考えてみるとよい。

ポイント5　ＫＰＩやＯＫＲがクリア

最後にあげるポイントは、ゴールやゴールを達成するプロセスが明確であることである。

空気を読んで仕事をするのではなく、先行指標（主に行動）や遅行指標（主に結果）をベースとしたゴールや行動規範をしっかり定義し、それを実現するために何をするべきかという話を必ず行なう。売上げという遅行指標のみチェックをする企業や組織が多いが、売上げや利益等に結果的に結びつく先行指標を定性・定量で確認することが大切であろう。特に先行指標は、現場の声をしっかり聞いて、自主的につくられていく仕組みが組み込まれるのが理想である。

筆者が１９９７〜２０１２年まで所属していた企業では、ゴールやゴールを達成するプロセスが明確であった。仕事を進める上で、具体的な目標や基準があるがゆえに、どこまで思い切ったことをやってよいのかまでわかりやすかった。そして、事前に上司とともにそれらの基準を握ることで、運命共同体であることを確認できたため、それらにより、信頼関係のベースラインができた。もちろん、朝令暮改や早いサイクルでのアップデートはあった。

そのようなアップデートがあった場合でも、ベースラインがあったことに加えて、それが変わるタイミングや幅が事前にある程度共有されているため、心の準備をしながら仕事をすることができた。

筆者のように複数企業で仕事をする経験を積むと、その変化に対する対応力がさらに高まっていく。それが私のベースとなり、今まで仕事をなんとか続けられてきたのだろうと思う。

〈読者への質問〉

- **みなさんの組織や会社では、売上げと利益以外の先行指標のゴール設定が現場にありますか?**
- **それは上司のゴールと同じものになっていますか?**
- **またそのゴールは利害関係者に公開されていますか?**

自身やチーム内のゴール設定だけでも見直してみる価値はある。

みなさん、５つの読者への質問を今一度読み直してみよう。ほぼすべてできている事業体は、ＤＸに対応可能であったり、すでにできている企業である。今後の一層進むであろうデジタル化による変化にもついていけると思う。

また、現在は、この質問項目の半分程度しかできていなくても、今後その比率が上がりそうであれば、ＤＸに十分対応していけるだろう。そして、30％に到達できず、改善が見込めない企業はＤＸの流れにおいていかれる可能性が高い。ただし、匠の技と呼べるような特殊技能で生き残れる価値をもつ事業であれば、それが価値として残り続けて、競争にさらされることもなく、ＤＸがなくてもある程度生き残れるかもしれない。しかしそのような企業でも各企業に合ったＤＸができることは必ずプラスに働くだろう。

第2章

攻めのDXと守りのDX

アマゾンは意思決定と実行のスピードがなぜ速いのか

第1章でGAFAな働き方を解説したが、この仕組みがDXの成功に必要であることが徐々に見えてきたと思う。では、なぜGAFAな働き方がDXをする上で必要なのだろうか。そして、そのメカニズムはどのようになっているのだろうか。その点について考えてみよう。

まず、GAFAのエンジンはデジタル技術である。そして、彼らはデジタル技術をテコに、外に向けたビジネスを展開している。それと同時に、そこで得た知見を従業員の働き方にも適用し、社内と社外のビジネスプロセスにデジタル技術を活用し、最適化している。

では、アマゾンを例に考えてみよう。

アマゾンの特筆すべき特徴は、意思決定と実行スピードの速さである。その速さを実現しているのが、機能ごとに分かれたマイクロサービス、行動規範、明確なゴール設定である。以下、個々に解説する。

まず、マイクロサービスについて。アマゾンはECサイトだけでなく、クラウドコンピューティング、デジタルストリーミング、AI開発に重点をおいている。プライム・ビデオやプライムミュージックなどのサービスを思い浮かべる人も多いだろう。その1つひとつのサービスの裏側にある、「認証」「カート」などの機能もすべて個々にマイクロサービス化されており、レゴブロックのように組み合わせて連携することにより、各サービスが効果的に提供されるのである。アマゾンではないWEBサイトでモノを買うと、支払い時のみアマゾンのサイトにジャンプするような仕組みがある。これは認証システムだけアマゾンの機能を利用している例であり、このように必要な機能だけを使えるというのが、マイクロサービスのメリットの1つである。すべてをマイクロサービス化することのメリットについてくわしくは第5章以降で解説するが、1つのシステムにアップデートが加わっても他の機能に影響を与えないというメリットがある。これは、デジタルサービス以上に、チームもサービスチームとしてマイクロに分かれていることが重要で、すべての機能とその連携方法が決まっている。これは筆者がリードしていた、AWSのコンサルティングサービスチームも同様である。

機能ごとの意思決定の速さを後押しするのが、行動規範である。もともとアマゾンには世界で共通のOLP（図表2参照）という14条からなる信条があり、役職にこだわらず全員がリーダーであるという考え方のもとで、社員1人ひとりが日々の活動においてこのOLPにしたがって行動するよう呼びかけている。その中で特にCustomer Obsessionという項目をもっとも重視している。WEBサイトでも公開されているのでそのまま引用する。

Customer Obsession
リーダーはお客様を起点に考え行動します。お客様から信頼を獲得し、維持していくために全力を尽くします。リーダーは競合にも注意は払いますが、何よりもお客様を中心に考えることにこだわります。

このOLPにしたがい、自社のサービスを通じて引き出した顧客のニーズから最大公約数を発見し、爆速で仕組み化して、ライバルの追従を許さないのである。また毎期のKPIの設定が明確である。KPIと一言でいっても何か施策を行なった上で直接的に伸ばした指標なのか、あるいは外的要因が影響して結果的に伸びた指標なのかという切り分けがなかなかできない。景気の動きに先行して敏感に動く「新規求人数」「東証株価指数」などの景気動向指数のことを「先行指標」、反対に「常用雇用指数」「法人税収入」「完全失業率」など、景気動向に遅れて変化する景気動向指標のことを「遅行指標」というが、アマゾンではＫＰＩの設定に際し、この2つの指標も交えている。

このような仕組みが出来上がっているため、意思決定が速く、実行スピードが速い。通常、意思決定時の決断と実行時にはギャップが生じるが、それすらも仕組みとして落とし込まれているために、ギャップを埋めるのが速いのである。

これらが実現できている理由は、社内向け、社外向けの仕組みをすべて合理的に考え、デジタル技術で効率化しているため、あるいは、それらに何か差別化要因ができるところを見つけたら「すぐに」打ち手を打つためである。社外で見つけた知見があれば、社内にすぐに適用し、社内で見つけた知見があれば、それを社外で売れるかどうか実験をするという文化がある。それを爆速かつ緻密な意思決定により実行をし、社内外全体のビジネスの連携をデジタル技術でつないでいる。

まさに、社内外双方でデジタル技術を利用した価値の創出を徹底的に行なった結果、ＧＡＦＡな働き方の仕組みがますます強化され、それによりサービスの価値やスピードが良くなるというシナジー効果が生じているのである。

アマゾンの仕組みを日本企業に移植することは可能か

では、この仕組みをそのまま自社に適応させることは可能だろうか？

今まで自社で蓄積してきた資産の中には、一見非効率的に見える対面型のコミュニケーションにより拾い上げた顧客のニーズからの知見なども含まれるであろう。そういった企業には彼らなりの勝ち方・資産があるのだから、それを最大限に活用できる形で部分的にＤＸを取り込んでいくのがよいのではないだろうか。既存の価値を残して新しい価値観をつくっていくのは、一見すると矛盾を孕んでいるように思われるが、両者の良いところを活用することで、自社の競争優位性を際立たせることができるようになる。このマネジメントが実現できた企業こそがＤＸを成功させるといっても過言ではないだろう。

DXの定義の再確認

DXの定義を深掘りしてみよう。

DXとは、組織の中にデジタル技術を浸透させ、まず働き方をより良いものへと変革することがその本質である。これを深掘りしてみよう。

従来まで、ビジネスを成功する上でもっとも重要なのは、顧客の体験を良くすることである。ビジネスの利益の源泉は、サービスで提供した「モノ」や「コト」の価値であり、顧客はそれに対して対価であるお金を支払ってくれることは、ビジネスの基本の「き」であると思う。

最近では、従業員の体験を良くすることにより、顧客に良いサービスを提供できると考え、ビジネス全体の構造を見た上で、顧客と従業員両方の体験を良くするということが必須になってきている。

加えて、一緒にビジネスをしているビジネスパートナーの体験も良くすることによって、ビジネスがスムーズに進む。たとえば、最近話題になっている、「契約書に印鑑が必要かどうか」「それは紙でないといけないのか」などが、わかりやすい。どこかの仕組みが古くて遅いものであると、そこがボトルネックになり仕事のスピードと品質が低下する。

つまり、顧客、従業員、ビジネスパートナーすべてを通して、ICTを使った体験の向上をすることが重要な論点になってきている。

それを2つに整理すると、企業が自社に取り込んでいくべきDXには、攻めのDXと守りのDXがある。攻めのDXとは、業界内での売上げや利益を狙うためのデジタル投資である。GAFAの例でいうならば、サービスとして外販をする部分に相当する。一般的には、ハイリスクハイリターンのB2Cビジネスから、ローリスクローリターンのB2Bビジネスがある。最近はクラウドの浸透、各種情報のコモディティ化により、B2Cビジネスでもローリスクローリターンでできるようになってはきているが、ローリスクではノーリターンになるケースも多々見られる。

一方で守りのDXとは、会社全体の生産性を向上させ、それによって下がった費用を攻めのDXか守りのDXに再投資することである。

以下、攻め・守りのそれぞれのDXの打ち手について、いくつかの例をあげて考えてみよう（図表3）。

攻めのDXは大きく分けて5つ

デジタルマーケティング

どの企業でもデジタルマーケティングをすでに行なっていると思う。SNS運用や、公式WEBサイトの作成だけではなく、マーケティングオートメーション（見込み顧客の管理）を使い、顧客となる候補者を獲得するためのプロセスまでつくられている企業も多いと思う。場合によっては、広告事業まで拡大し、自社のWEBサイトの広告枠を売るところまで来ている企業も多数あるだろう。このビジネスをDX

図表3　攻めと守りのDX

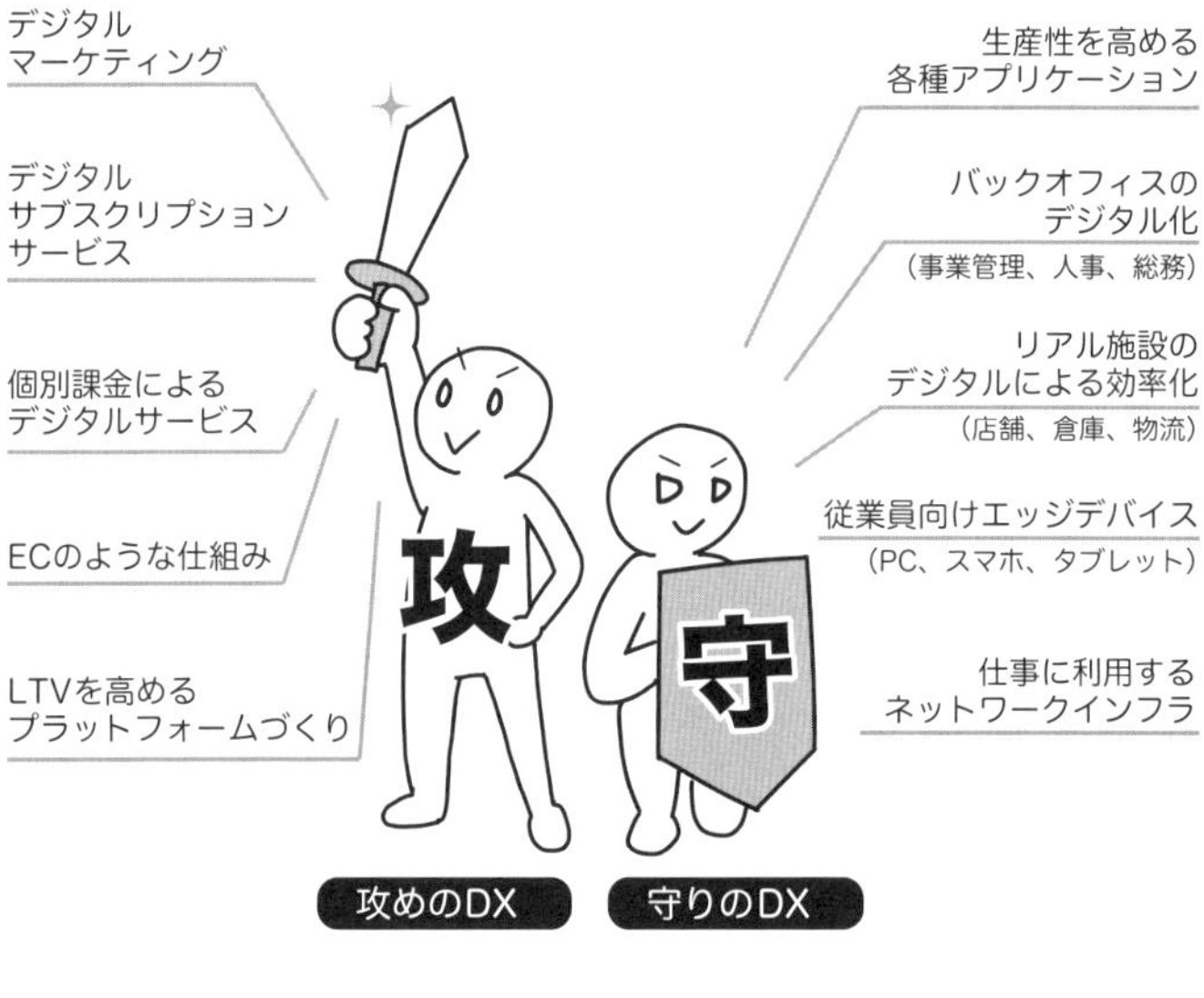

のすべてと勘違いしている人もいるようだが、着手しやすく見た目もわかりやすいため多くの企業が進めている。

とはいっても、企画は事業部主導で進めることが多く、投資金額は小さいことも多い。そのため、DX人材が不在の企業では外注して丸投げになる事例が多々見受けられる。また、既存のビジネスの構造を変えず、デジタルマーケティングを実施するのみで競争優位を築くのは難しいため、結果として期待以上の効果の果実を得ている企業は限定的であるといわざるを得ない。うまく進められないと、競合企業がどんどんその市場に出てくるため、自社の優位性を出しづらくなってしまう一面がある。デジタルマーケティングで短期的に大きな利益を出すことは難しいが、一方で、マーケティングオートメーションまでできている企業ではCRMに成功している可能性が高く、それをテコに「継続的な」売上げや利益を他社と比べて高められている。

デジタルサブスクリプションサービス

サブスクリプションとは、もともと英語で「予約購読」の意味があり、そこから転じて期間に応じて「定額使用料を支払う方式」の意味で使われるようになった。

この領域は最近増え始めている。ニコニコのプレミアム会員や、アマゾンプライムのようなものが、代表的なサービスであることは、ご存じのことだと思う。特に新型コロナウイルスによるステイホームが進んでいる中で、デジタルサブスクリプションサービスを提供している多くの事業者のビジネスが伸びていることは想像に難くない。一度アカウントを作成すると、そのアカウントに紐づいたサービスを月額課金で利用することができる。そのため利用者数が集まれば比較的短期で利益を出せる。

デジタルサブスクリプションサービスは、ライバルと比較して価値を生み出しそれを維持し続けることに加え、サービスを維持するためのインフラのコストマネジメントが勝負になる。まず、**価値を生み出す源泉は主にそのコンテンツや体験であり、その体験をつくるクリエイター、アーティスト、アーキテクト（設計者）の独自性にかかっている**ことが多い。次に、**サービスを提供するインフラであるIaaS/PaaS/SaaS**[(1)]**のコストマネジメントを適切に行なえていない場合は、最後はコスパで負けてしまう。**つまり、クリエイターやアーティスト、アーキテクトへの還元を徹底し、インフラコストのマネジメントをしっかり行なうことでビジネスが継続できるという構図になる。

---

(1) IaaS/PaaS/SaaS
クラウドサービスを説明する際にクラウドサービスのレイヤーを分けて説明する用語。IaaS（Infrastructure as a Service）：ICTインフラであるハードウェアや仮想マシンまでを意味する。PaaS（Platform as a Service）：ミドルウェアや開発環境と実行環境などを意味する。SaaS（Software as a Service）：アプリケーションを意味する。

もし、インフラ勝負するステージになった際に、利益が出やすいような設計にしておくことも重要である。

個別課金によるデジタルサービス

デジタルサービスをスポット課金で使うサービスである。サブスクリプションサービスとほぼ同じように見えるが、異なる点がある。自分自身が支払ったコンテンツはそのサービスが継続する限りいつまでも見ることができる。たとえば電子書籍のように一度購入したコンテンツはそのサービスがある限り、いつでもどこでも見ることができる。一方で、もしそのサービスがなくなった場合、コンテンツを見られなくなるリスクがあると考えられている。

個別での課金が可能なため、短期的にはマネタイズしやすいが、継続して魅力的なコンテンツを出し続けない限りリピーターはつかないため、長期的なビジネス上の資産づくりは難しいといえる。

事業サイドの視点から見ると、その事業を続けるために、それらの情報を維持することが重要である。一方で、それらのコンテンツを事業者サイドで勝手に優先度をつけて削除することが難しいため、思い出や歴史を残していく場合は、デジタルアーカイブサービスや、リアルなモノとして残していくサービスが重要だと思う。AWSではAmazon Simple Storage Service（Amazon S3）というストレージサービスを提供しているが、このような低コストのストレージサービス上に、思い出コンテンツを配置するような仕組みができるだろう。自分が著作権者ではないが、残しておきたい歴史・思い出は、今後ますます個別課金サービスの主軸になるだろう。一方で、著作権をもっているものは、ストレージサービス上に永続的に保存されるようなサブスクリプションビジネスになるのかもしれない。

ECのような仕組み

物理的なモノを動かすための仕組みである。リアルとデジタルの橋渡しをしており、貴重な仕組みであることは間違いない。筆者が所属をしていた楽天でもアマゾンでもECがビジネスのコアであり、ここでの知見をさまざまなビジネスへ応用していると思う。ECはサイトのブランドと認知度、そしてシステムのインフラやバックエンドの仕組みが勝負である。自分たちが運営しているECは「○○分野に強い」というマーケティング上の差別化ができない場合は、IDの取得のしやすさ・ログインのしやすさといったユーザビリティや決済・ポイントのようなインフラをもつ事業体が強みをもつようになる。

加えて、楽天もアマゾンも物流のところで日々火花を散らしていることから、物流や配送というバックエンドの重要性はすでに顕在化している。一方で独自のブランドをもつＥＣサイトは、そのモノや価値観でユーザーの心をつかんでおり、ＩＤや物流での差別化を求めていない。品質に差が出やすい生鮮食料品や農作物の通販では、安心・安全・美味しいという基準を満たしているところから継続的に購入することになっていると思う。

ＬＴＶを高めるプラットフォームづくり

お客様と定義している人々と、時間をかけてつき合っていくことで、自社とお客様の間にＷｉｎ-Ｗｉｎの関係をつくり、ＬＴＶ(2)（Life Time Value）を高めるサービスを提供し続けられるようにする。たとえば、入り口として、簡単なサービスを無償で提供する。それを楽しいと感じた利用者は関連するサービスや商品にお金を投じ、その売上げで事業者は利用者が好むサービスや商品に投資をして、利用者はまたそれを楽しむことができる。

古くからの例でいえば、トヨタの自動車を買ったら、そのディーラーの営業との

---

(2) LTV
Life Time Valueの略。顧客生涯価値。１人の顧客が特定の企業やブランドと取引を始めてから終わるまでの期間内にどれだけの利益をもたらしたかを算出した指標。

人間関係ができて、継続してトヨタ車を買うというような単純な例がある。最近の例でいうと、楽天のように自社ポイントを軸とした経済圏をつくりその中で利用者が楽しんでいるという形がある。このようなＷｉｎ－Ｗｉｎのプラットフォームをつくるのは容易ではなく、資本、時間、そしてマーケットを定義する知恵が必要である。しかし、いったんこのプラットフォームをつくってしまって、ポイント経済圏が出来上がれば、長期的にその中に顧客を囲い込める。

攻めのＤＸの打ち手を比較する

各種打ち手を比較すると、何を目的とするかによって、どの打ち手をとるべきかが見えてくる（図表４）。

まず、よくあるパターンとして個別課金やＥＣを行なう。これは短期的リターンもあり、工夫をすると投資金額が抑えやすいため、どの企業でも行なっている。一方で、顧客情報とブランディング管理を行ない、顧客との接点を適切にマネジメントできないと、長期的資産づくりにまでつながらないのが一般的である。

もし、長期的戦略を立てて進められる場合は、デジタルマーケティング、サブスクリプション、LTVを考えて進める。デジタルマーケティングやサブスクリプションを実現する際に、ソフトウェアパッケージやSaaSを使うと実現が容易であるため、とりあえず進めるということができる。一方で、LTVまで踏み込もうとすると、実現性の難易度が急に高くなる。なぜならばただのデジタルマーケティングでは、多くの場合ユーザー像をあまり考えない投網戦術のようになりがちだが、LTVを高めようとすると、ユーザーのペルソナを常に考えながら何をすべきか総合的に考える必要があるためである。LTVは他の4つの打ち手を進める中で、結果的に見えてくるビジネスモデルなのだと筆者は理解

図表4　攻めのDXの打ち手を比較

	投下資本	短期的マネタイズ	難易度 ☆☆☆	長期的資産作り
マーケティング	小〜大	×	低 ★☆☆	○
サブスクリプション	中	△	普通〜低 ★★☆	△〜○
個別課金	小〜中	○	低 ★☆☆	×
EC	小〜中	○	普通〜低 ★★☆	×〜△
LTV	大	△	高 ★★★	○

している。

バラバラに動きがちな攻めのＤＸだからこそ、自分たちが今どのＤＸをやっているか理解しないと担当者にいい人を割り当てられないし、期待したものも出てこないため、図表４のように整理して攻めのＤＸを行なうことをオススメする。

守りのＤＸは大きく分けて５つ

生産性を高める各種アプリケーション

生産性を高めるアプリケーションとして、メインとなるのはコミュニケーションを支援するものである。一般的には働き方改革を支援するためのそれであることが多い。具体的には、メール、カレンダー、オンライン会議ツール、チャットツール、Ｗｉｋｉ、タスク／プロジェクト管理、クラウドドライブあたりが主なものである。加えて、ブレーンストーミングをしやすくするマインドマップやデジタル型の付箋のようなものもある。

これらのアプリケーションを選択する際のポイントは、コミュニケーションの

ROI（投資利益率）を高めるの一言に尽きる。いかに効率よくかつ効果的に短期／長期でコミュニケーションできるか、これが会社の生命線である。

情報が多すぎても選択が難しいし、情報が少ないことで仕事が進めにくいケースがある。また、情報のスピードの遅さにより判断を誤ってしまったり、精度が悪く質問が多数発生し、貴重な時間が浪費されてしまうことがよくある。これに対応するためにコミュニケーションポートフォリオをつくり、コミュニケーションを設計することが必須である。第5章にてコミュニケーション改革について詳細を説明する。

バックオフィスのデジタル化

長い間日本企業が行なってきたBPR（Business Process Re-engineeringの略、抜本的な業務改革）の一環でもっともお金を投資してきた部分である。人が行なっている業務をデジタルで代替することで効率化する、業務のリストラクチャリングがもっとも進みやすい領域である。一方で、昨今ではこれらの仕事の内容をデータ化し、継続的業務改善を行なったり、事業管理の立場からのアドバイスをしたり、HR-Tech(3)で効果的な人材の才能の管理までできるようになりつつある。

---

(3) HR-Tech
人材×テクノロジーの造語であり、AIやビッグデータなどの最先端テクノロジーを活用し、.人事課題の最適解を導くサービスのこと。

図表5　セルフマネジメントエンジンによる自己の可視化

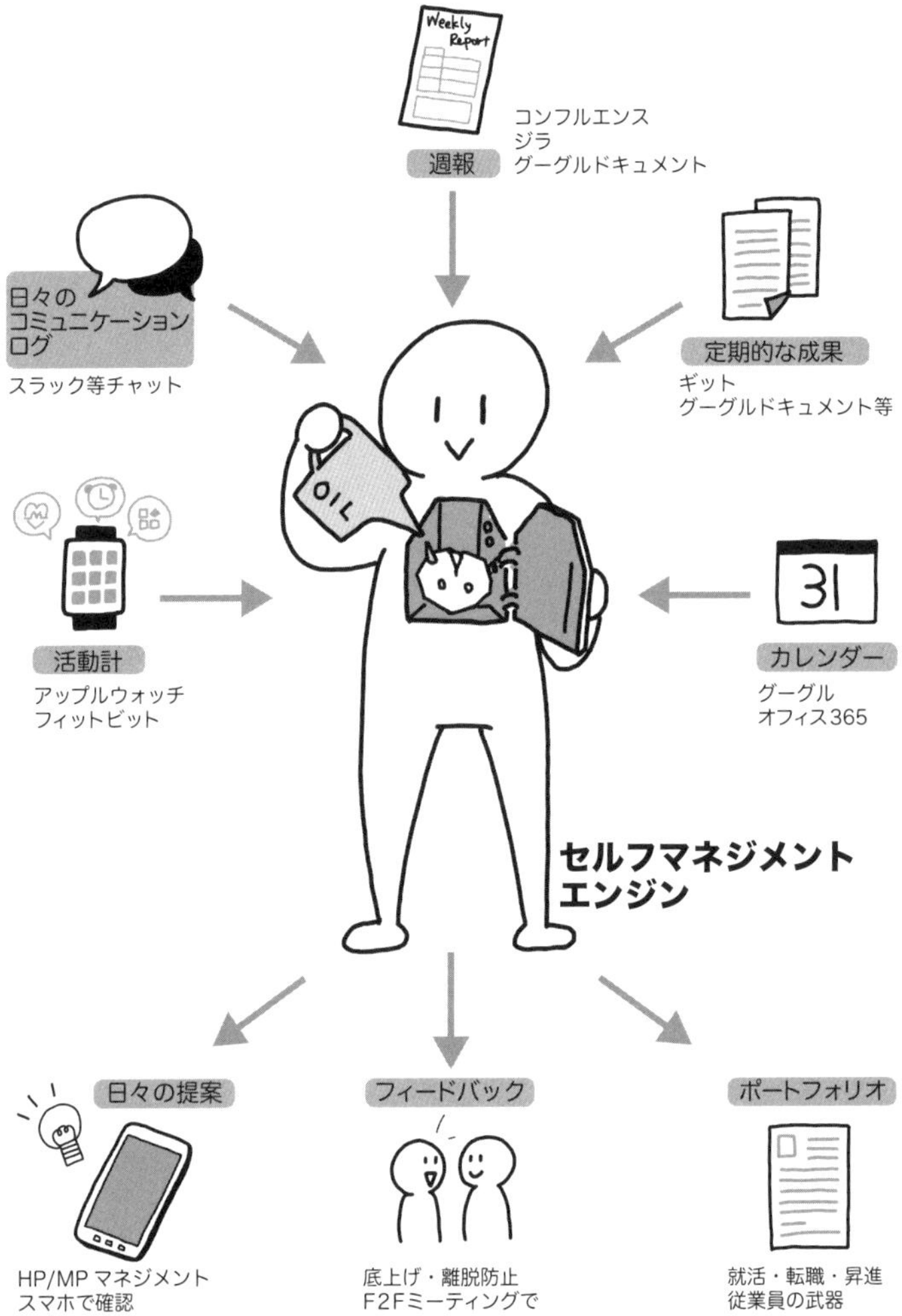

つまり、ただの効率化ではなく、社員向けビッグデータサービスとして、従業員を顧客としたサービス化が必要とされており、これが実現できる時代がやってきたということだ。具体的には、従業員のタイプに合った仕事支援の選定をビッグデータを使って一部自動化する。今日時点では、自動でできない部分はある程度残る。マネージャーがビッグデータによる分析結果を見て、部下が仕事をやりやすいようにサポートをする。

図表5のように、日々の活動をログとして活用し、自分自身の人生を支える仕組みを公私混合でつくっていける時代がきている。すでにこのようなことを「私」の部分ではグーグルやアップルが行なっているが、「公」である企業内の人材をビッグデータにより支援する仕組みはまだまだ未知の領域である。

リアル施設のデジタルによる効率化

リアル店舗のデジタル武装が勝負になってきているのはみなさんご存じの通りである。Amazon Go のような仕組みから始まり、デジタルサイネージや口コミサイトのような軽めのものもある。リアル店舗を今までのアナログ的価値のみで継続できるのは、ごく限られた特別な事業体だけになっていくと考えられる。

なぜならば、多くの企業はハードルが下がったデジタル武装の仕組みを用いて、オンラインとオフラインをつないで勝負に挑もうとしていくからである。よほどの品質やブランド、消費者からの距離の近さなどの優位性がないと、勝負に負けてしまう。

新型コロナウイルスの問題が発生した後、優位性を維持できない店舗は厳しい状況に追い込まれている。そうなると、デジタル武装以外の中身で勝つか、ROIの良いデジタル武装をするのか、極端にいうとそのどちらかが成功要因になる。

デジタル武装で勝負をすると決めた場合、それをするためには一定規模の先行投資が必要である。よって事業規模にかかわらず、既存のビジネスのコストに加えて、事業の変革の追加投資をできるヒト、モノ、カネ、ノウハウという資本をもつ事業体、またはすでにデジタル武装に特化しており、ROIのレベルアップを継続するだけでOKという事業体でないと厳しいビジネスになることが予想される。

従業員向けエッジデバイス

デジタル技術を活用するためには、従業員が実際に手にとる端末の選定が勝負になることが多い。なぜならばこのデバイスの使い勝手も含め、サービスレベルと費用対効果が、従業員の生産性に直結するからである。デバイスには、ＰＣ、スマホ、タブレット、ディスプレイ、モバイルＷｉＦｉ、キーボード／マウス等がある。最近のコロナ禍対策により、リモートワークをする従業員が増えたため、マイク・スピーカーやカメラもこれに含まれる。

　これらをコストと考えるか投資と考えるかによって、選定基準が変わってくる。コストと考えると、安くて長持ちをするものを一律に選定することになる。一方で投資と考えると、利用者である従業員のペルソナベースを考えた上で選定するため、どのように使われるかシミュレーションをして選定される。ご存じのように、デバイスと生産性を高めるアプリケーションは密接に関係していて、どの組み合わせで選定をするのかが簡単ではない。デバイスからのアプローチでアプリケーションが決まる場合もあるし、利用者目線でアプリケーションからデバイスを選定する場合もある。

　カスタマーエクスペリエンスの考え方をエンプロイーエクスペリエンスとして再定義し、ＩＣＴ部門は、自分たちのお客様である従業員へのサービス内容を考え抜き、徹底的に磨いたサービスをお客様へ提供することが必要である。

これらのデバイスのアプローチとして、現在の日本には大きく2つの流れ（図表6）があり、多くの企業はその選択を迫られているように見える。1つ目の選択肢をマイクロソフト型、もう1つはオープン型と名づける。マイクロソフト型というのは、すべてのツールをマイクロソフトの製品群でそろえるやり方である。マイクロソフトと企業は包括契約を結ぶと、どのツールを使うか考えなくても一通りのサービスがそろっているため、端的にいうならば「楽」なのである。

対してオープン型は、それぞれのニーズに対してどれを使うか、いわゆる情報システム部門やデジタル部門が選択する必要がある。後者の型を選択すると、それなりの知見と軸がないと選択できないが、逆にいうと、その選択さえで

図表6　デバイスアプローチ

	マイクロソフト型	オープン型
メール	Office365	Gmail
カレンダー	Office365	Google カレンダー
オンライン会議	Skype	Google Meet
チャット	Teams	Slack / Google チャット
Wiki	SharePoint	Confluence
タスク/プロジェクト管理	MS Project	Jira / Backlog
クラウドドライブ	OneDrive	Google Drive

きる実力があれば、自社にとって使いやすく、良いサービスを自分たち自身で選択することができる。

仕事に利用するネットワークインフラ

デジタル技術の裏側には、処理、通信、保存という3つの仕組みがある。その中でもっとも難易度が高く、ボトルネックになりやすいのがネットワークである。

新型コロナウイルスの影響でリモートワークをすることになった人が多いと思うが、もっともサービスレベルの担保が難しくなったのは、契約者やマンションの住民同士で共有することが多いネットワークであることを感じていることだろう。通信先、通信経路、ラストワンマイル（最寄りの基地局から利用者の建物までを結ぶ最後の部分）の3つで分類して考えてみよう。まずボトルネックとなるのが、通信先が自社のイントラネットの場合に、VPN接続を試みる場面である。通信経路については、同時接続数の制限や帯域がボトルネックとなって困っている人も多いだろう。また、ラストワンマイルをマンション型で共有する光回線は、LTEよりも遅いことがある。WiFiの知識があまりなく、WiFiを2・4GHzで接続し、その遅さに嘆いている人もいるかもしれない。

ＤＸを行なう上で、ネットワークインフラの設計はもっとも困難で、もっとも重要であることがここ数カ月で認知されたと思う。リモートワークについては第7章で実験結果をもとに解説をしよう。

第3章

デジタルビジネスに成功すればOKか？

「デジタルビジネスの成功＝ＤＸの成功」ではない

前述のようにＤＸには多様な切り口があり、トップの「我が社もＤＸをやるぞ！」という一言に対しても、企業によってゴールが異なることが多い。ＤＸを推進した結果としてどんな成果をあげればいいのか、何をゴールにしているのかということがあいまいになりがちである。また、ＤＸという言葉だけを巧みに利用し、自社製品やサービスを売りたいと考えている企業も少なくないし、ＤＸで名を売りたい人もおり、そのポジショントークにより、正確に理解されておらず、適切な方向に進んでいない残念な「ＤＸ」も多く目にする。

たとえば、第2章に例示したＤＸのプロジェクトやサービスの一部を切り取って、「それができた」＝「ＤＸ成功」としているケースが目立つ。

ではそもそも、これだけゴールの定義があいまいになりがちな「ＤＸ」とは、一体何なのだろうか。

第2章のアマゾンの例にもあるように、**社内外の仕事をデジタル技術を活用して、品質、スピードを最大にして、コストを下げた上で、コストパフォーマンスを最大にすることがＤＸの本質**であり、その成果を成功の基準とするのがよい。

ところで、回帰分析という手法がある。これは、式をデータに当てはめることにより、目的変数ｙの動き方を独立変数ｘの変動により説明・予測するものである。$y=ax+b$という中学校でならった1次式の形、つまり線形の関係を仮定して目的変数を予測する。数式で表すことである程度の「予測」が可能になるというメリットがある。たとえば、「広告宣伝費」と「来店者数」の間にある程度相関関係が見られた場合、来月の来店者数を増やしたければ広告宣伝費をいくら増やしたらいいか、というのがそれまでの数値から予測できる。

ＤＸの本質をこの式で表すと図表7のようになる。デジタル技術による高速回転運動係数ａを高めた上で資本を投下することにより、ビジネスの成果があがるのだ。この高速回転運動係数とは、人や組織のリスクを許容するレベルに応じて、スピードを上げるために投資をして、現在の品質やスピードのレベルアップを行なった結果、ビジネスのアウトプットをつくる人や組織の動き方を示す係数である。投資をしぶって高速回転運動を弱めたりすると、たちまち成果にも影響が出る。その前提として、高速回転運動係数を高めるために投資が必要であることはいうまでもない。

ビジネスの構造的変化を分析する上で、重要なのはマーケティングのマクロ視点であるＰＥＳＴであるといわれている。ＰＥＳＴとは、Politics（政治）、Economics（経済）、Society（社会環境）、Technology（技術）の頭文字をとっている。その中のＴ、つまり昨今のデジタル技術の継続的な進化により、コストや使いやすさが劇的に改善され続けている。その結果、ＤＸを進めて、ＩＣＴを活用「し続けた」企業は大きな恩恵を受けている。

ここで注意したいのは、デジタル技術による「高速回転運動」は、回転し続けることになるので継続性が大切であるということだ。１つのプロジェクトで成功しただけではＤＸの成功のうちには入らず、一歩進んだだけと考えるのが妥当である。

新型コロナウイルスによる影響は、政治、経済、社会環境すべてに影響をもたらしており、今や世界ではすべての要素における構造的変化が継続的に起きている。この変化に対応するための高速回転運動と、変化に強い

図表7　DXの本質を示す数式

$$y = a\,x + b$$

y：ビジネスの成果
a：デジタルによる高速回転運動係数
x：投下する資本
b：既存ビジネスによる成果の継続

組織やマネジメントスタイルが必要であろう。それらのつくり方については、企業の再設計や組織のつくり方、人材マネジメントの視点から後述する。

DXの成功とは何か？

高速回転運動係数を高めることが大事だと前述したが、一歩踏み込んで考えてみよう。

まずは、高速回転運動を行なうためにはGAFA的な働き方が必要である。ほとんどの企業では、それができておらず、DXに成功をしたといえる企業はほとんどないのだ。

例外として、デジタル技術をビジネスの根幹としている、筆者が所属しているKADOKAWA Connectedやドワンゴ、そして、LINEやメルカリのようなデジタルネイティブ企業は、ほとんどの面でDXは不要である。なぜなら、こうした企業は、デジタル技術をテコに、すでに高速回転運動係数が高い状態でビジネスが進んでいるからである。

しかしながら、これらの企業も、組織や技術負債[1]によって回転運動が落ちたり、回転運動はできていながらも、既存のやり方を変えられない等の理由によって、時代の変化に対応できなくなり、ビジネス面で厳しい局面を迎えることになる。

プロローグで少し触れたように、ドワンゴは組織や技術負債により、回転運動が落ちていた例である。つまりデジタルネイティブ企業でも、いずれ変革が必要になる。

では、デジタルネイティブではない企業がＤＸに成功するにはどうしたらよいか？　答えは、ＧＡＦＡな働き方の仕組みをつくることである。しかし、そのような仕組みをつくることができるＣＩＯクラスの人材が日本にはほとんど存在しない。なぜならば、ＧＡＦＡな働き方をしたことがあり、それを深く理解し、さらに技術とビジネスを理解した上で、組織にそれを根づかせるという仕事ができる人材は、日本企業のＣＩＯになることが稀だからだ。このトップマネジメントの不在こそがＤＸを進めるボトルネックになっている。

（1）技術負債
解消することが面倒で、放置されている組織や技術の負の遺産。

DXは「企業の再設計」を強いる

企業が設計されるのは、起業、破綻、変革の3つのタイミングである。一度起業してしまうと、いずれ「破綻をするか」「変革をするか」の選択を迫られる。米国企業の多くは株主がその責任を負うことによって一度破綻し、その企業が属する業界も適応するように再設計される。ある企業が時代にあった形で動く事業体に設計し直されることで、周囲の企業も再設計を迫られる。その結果、業界全体が再設計され、再編が起こるという仕組みになっている。

一方で、日本的企業はどうか。まず、なかなか破綻しない。破綻をしないためにその再設計の負担は「変革」として、従業員が負うことになる。これこそがトランスフォーメーション。デジタルの要素が加わるとデジタルトランスフォーメーションになる。

デジタル時代に「高速回転運動係数」を最大化して、変革を進めるということは、企業の事業、組織、ＩＣＴを再設計するという高いハードルを越えることであり、相当な痛みを伴うことを覚悟しなければならない。

従来よりも良い受け皿を用意する以外に手はない

日本は島国ということもあり、他国からの脅威にさらされた経験は大陸の一部に位置する国より少ない。一方で、地震をはじめとする突発的な自然災害が比較的多く、それらと闘ってきた歴史がある。このことから、「日本人は外からの敵の侵入よりむしろ、突発的要因から変革を迫られ、ディフェンシブに変化することに慣れている」という仮説を立てることができる。そうすると、ディフェンシブに変化する人材にどのようなアプローチをするのがよいかという議論になるが、その対応方法としては、私は1つの解決策しか思いつかなかった。

それは、受け皿をつくっておくということである。しかもその受け皿は、従来行なわれていたことに比べて、より良さそうなものにして、乗り換えしやすいようにしておく必要がある。もしこのアプローチをとれない場合は、ハードランディング、つまり突発的要因により強制的に変化を受け入れざるを得ない状況を待つほかなくなってしまう。

受け皿について少し説明したい。受け皿とは、現代風に再設計されたDX後のビジネスモデルやワークスタイルのことである。「再設計」というのが重要で、今ある良さを活かした上で新たに設計するという意味である。既存の良さを、再設計せずに「今のまま残す」ということをよしとすることがよくあるが、このようなアプローチをとると、結局変革はできず「改善」レベルに終始してしまう。これがよくある悪いパターンの例である。

新型コロナウイルスの影響で大きな外的変化が突発的に起こり、リモートワークをすることになった企業が多いため、ハードランディングすぎてたくさんの人が疲弊し、ビジネスが傷ついている状況だと思う。一方で、事前に受け皿を準備し、ソフトランディングをできた企業は、新型コロナウイルスに対してスムーズに対応でき、企業としての体力を維持、場合によっては強化できていることだろう。

受け皿をつくれるのはどのような人材か。第6章で具体的に説明する。

AI導入を進める前にまず標準化

ＤＸを進める際に、ＡＩを使うという話がよく出る。新しいアイデアの実証を目的に、試作開発の前段階で検証やデモンストレーションを行なうことをＰｏＣ（Proof of Conceptの略、概念実証）というが、ＡＩを利用してこのＰｏＣを行なおうという話がもち上がることがある。ＰｏＣを入り口として、データを蓄積して、ＤＸを進めることもできる。

そうして蓄積したデータをＣＸ(2)（顧客経験価値）の向上に使おうというわけだ。ＰｏＣにより蓄積したデータをもとに、ＣＸをより高めることができれば、当然その企業のファンを長期的に増やしていくことにつながる。

しかし、ＤＸをできていない企業が限定的にＡＩを利用したとしても、多くの場合は部分最適化が行なわれているにすぎない。企業全体に浸透する全体最適化までの道のりが長いのである。

１つのプロジェクトでＡＩを活用し、将来のために使い方のノウハウをためるこ

---

(2) CX
Customer Experience（カスタマーエクスペリエンス）の略。顧客経験価値と訳される。商品やサービスに対しての金銭的や物質的な価値だけではなく、その商品を使用したりサービスを受けたりしたときに感じる心理的・感覚的な価値のこと。その商品の選定、購入、利用、サポートまでの流れを通して、顧客が感じる経験価値を実現するコンセプトである。

とはぜひやっていただきたいことではある。しかし、どの企業もそれを単発で終わらせがちだ。それは、「今の時代に合った」業務の標準化ができていないからだ。何もしなければ多様化・複雑化し、無秩序に増えてしまう業務の進め方に対して、秩序が保たれる状態を実現するために、共通して使用できる一定の基準を定めることを標準化という。ＤＸにおいてもこの標準化がまず重要となる。たとえば、ある事業のある製品群を軸として、毎日の売上げと利益のデータを見たい場合、時期によって統計の仕方が異なっていたら話にならない。人材マネジメントの側面で例をあげると、ある特定の年代の社員のモチベーションの源泉と、実際にモチベーションを刺激したときの仕事のパフォーマンスを見たいといった場合に、知りたい情報のフォーマットを統一する必要がある。

標準フォーマットが決まれば、それを自動で処理（四則演算）して、そのデータをＡＩ等に与えて、従来まで人間が分析・判断していたことをＡＩに判断してもらえる。つまり標準化→自動化→ＡＩ化により、ビジネスの意思決定をＡＩが支援したり、ＣＸを上げるために顧客に対して人間の代わりにＡＩがオススメを提供したり、人事評価をＡＩが行なったり、ＡＩがオリジナルコンテンツを創作する支援をするときがくるだろう。

ＡＩを進める前に、まず標準化。この順番を忘れないようにしたい。もちろん標準化をしたときから、その仕組みは陳腐化するため、ぶれずに日々アップデートをしていくことも必要である。

ＤＸには大きく4つのタイプがある

ＤＸには「攻め」と「守り」があるのは第2章で説明した通りだ。さらに別軸で考えると、スケールを出さずにサービスをつくる「個別化」と、標準をつくり別領域・別分野に展開していく「プラットフォーム化」がある。

たとえばＡＩを使ってコンテンツを提供する新しいＷＥＢサービスを数人のチームでつくるように、特定の狭い領域に縦割りでビジネスをとりあえず立ち上げるのは個別化。あるサービスを標準として横に展開していくのがプラットフォーム化である。この2つの軸を掛け合わせて、4つのＤＸのタイプの側をあげよう。

●**「攻め」×「個別化」**

例　ＥＣサイトを立ち上げ、特定のカテゴリのアニメキャラクターを使った物販をする。

●**「攻め」×「プラットフォーム化」**

例　会社のトップページを総合デジタルサイトとしてつくり、顧客ＩＤを軸にすべてのサービスが連携できるようにして、外部の多数のＷＥＢサービスとも連携し、特定の領域でのプラットフォームビジネスを展開する。

●**「守り」×「個別化」**

例　過去に立ち上げたＷＥＢサービスをクローズするか、新しいインフラに載せ直して再生をするか決めるようなこと。

●**「守り」×「プラットフォーム化」**

例　会社に眠っている有形、無形の資産を集め、インフラ化し、コスパの良い標準化されたデジタル技術のインフラをつくる。

目指すＤＸのタイプを意識しないでチームをつくり、デジタル技術にすこしくわしい、あるいは興味があるという人材を適当に指名してしまい、目的と必要な人材が合わないためDXが進まなくなる。そのようにならないために、DXチームをつくり、必要な人材を指名し、仕事を回すためには、図表8のように最低限5つのポイントを押さえる必要がある。

では5つのポイントについて説明していく。

マトリックス組織

そもそもDXとは、デジタル技術をテコにビジネスのスピードアップ、品質維持・向上すると同時にコストダウンをしていくのが本質である。それを行なうためには、スピーディーに動ける柔軟な組織である必要がある。それがマトリックス組織だ。マトリックス組織とは1人の社員が2つ以上のレポートライン（報告経路）に所属し、柔軟に仕事ができるようにする仕組みである。

そのマトリックス組織をつくる際に何を気をつけるとよいのだろうか。

必ず行なうことは、縦（個別化）なら縦、横（プラットフォーム化）なら横にマッチした人材を配置することだ。縦と横どちらを担当するか、またその理由や意味を明確に伝えることが重要である。加えて、チームのサイズと役割を適切に設計し、それぞれのチーム間の接点をまるでAPIのようにスムーズに連携できる形に

図表8　DXチームの5つのポイント

攻め・守り	攻めのDX	攻めのDX	守りのDX	守りのDX
個別・プラットフォーム	個別化	プラットフォーム化	個別化	プラットフォーム化
マトリックス組織	縦	横	縦	横
人材	縦型サイロでマルチハットをできる人	プラットフォーム型で役割分担をできる人	縦型サイロでマルチハットをできる人	プラットフォーム型で役割分担をできる人
プロセス	創造性	ニーズ・シーズから設計	受け身	シーズから設計
未来・過去	未来	未来	過去	過去
KPI	売上げ	ネットワーク外部性	負債解消	生産性向上

することで、チーム内に加えてチーム間の連携が機能するようになる。この組織の設計を行なうことが、ＤＸ成功の生命線となる。

人材

このマトリックス組織の中で、どのような人材をどこにアサイン（指名）するかを適切に行なう必要がある。

個別化が天才的に得意な人は、標準化をして横展開するのが不得意であっても自分の脳内で処理をするのがうまい。これは攻めのＤＸも守りのＤＸも同様である。プロセスやシステムが外部との連携をもたずに完結している様子を「サイロ」というが、「個別化」×「攻め」のＤＸでは、特定のサイロ型システムの中でマルチに活躍できる人材にいけるところまでいってもらう。そして、サービスが一般的になってきた段階で、標準化を進めプラットフォーム化に挑戦をする。その際に攻めのプラットフォーム化が得意な人材へバトンタッチをすることが重要である。

守りは個別とプラットフォームに分けて、適材適所で人材を任命すれば事故が起きない。属人化するのが得意な人と横串を通すのが得意な人を見分けて、人材マネジメントをしっかりしておくことにより、チームづくりの際にミスマッチを防ぐことができるため、目的を達成することができる。

プロセス

サービス開発プロセスもＤＸの４つのタイプごとに異なるため、プロセスを適切に定義し、そのプロセスを得意とする人材を配置する必要がある。利用者のニーズから考えるか、自らのシーズ（技術面でできること）から逆算して考えるかということを、最低限意識する必要がある。

まず、「攻め」×「個別化」のＤＸでは創造力を最大に発揮し、潜在的ニーズを掘りおこし、市場をつくる。「守り」×「個別化」ではニーズを受け身でビジネスをやり切る。「攻め」×「プラットフォーム化」のＤＸは、シーズベースながら未来志向のニーズを想定した上で設計して進める。「守り」×「プラットフォーム化」のＤＸの場合は、原則シーズから設計してアプローチするとよい。

攻めの場合、現在、１年後、５年後と時間軸を広げて考えると、ビジネスモデルの選択肢が相当多いため、いつのニーズを対象にしているか明確に定義する。一方、守りの場合は、ビジネスモデルの選択肢があまりなくニーズが顕在化していることが多いため、解決策となるシーズ（技術）を適切に選択することが重要となる。

未来・過去

思考や発想の軸として、未来思考であるファイナンスアプローチも使いこなせるようにする。それに対して過去思考は原則P／L（損益計算書）、つまりアカウンティングアプローチである。未来思考は投資のことなので、常にフリーキャッシュフロー（企業が自由に使えるお金）、加えてそのビジネスが生み出すキャッシュフローの現在価値の総和（NPV：正味現在価値）をもとにしながら予算を考える。

一方、過去思考は、過去のデータであるP／Lをベースに予算を考える。多くの日本企業は攻めのDXを画策しつつも、未来志向になりきれないと耳にすることがある。

図表8では、「守り」×「プラットフォーム化」のDXは過去思考としているが、もしそれを、未来思考であるファイナンスアプローチで考えられる企業があると強いと思う。たとえば、働き方改革による従業員の生産性の定量的変化と、従業員1人当たりの原価を正確に把握し比較できている企業があれば、人材を資産と考え投資をしている証拠であり、その企業の従業員は期待に応えてくれるであろう。

KPI

最後にKPIの違いを考えてみよう。それぞれのDXは、本質的な目的である長期的な利益を出し、企業価値を上げるということは同じであるが、各々のDXのパターンによって、重要なポイントが異なる。

「攻め」×「プラットフォーム化」のDXのKPIはネットワーク外部性、つまりエコシステムが成立した際のビジネスモデルの設計ができていることである。次に、「守り」×「プラットフォーム化」のDXのKPIは、従業員の生産性の設計／運用ができていることである。そして、「攻め」×「個別化」のDXは売上げやMAU／DAU(3)のようなものが期待通りであること。最後に、「守り」×「個別化」のDXは技術負債・組織負債を計画通りになくしていることである。

これらを行なうことが真のDXであり、このゴール設定が短長期でできていないのはDXとはいえないといっても過言ではない。

---

(3) MAU/DAU
ある期間内でサービスを1回以上利用したユーザーのこと。MAUは月間アクティブユーザー、DAUは1日当たりのアクティブユーザー。

第4章

DXの基本となるサービス型チーム

DXの基礎となるマトリックス型組織

第3章で触れたが、DXを行なう際には、スピードと柔軟性をもった組織が必須であるため、それができるマトリックス型組織をつくり運用していく必要がある。私がVMwareの日本法人をコアメンバーとして立ち上げていたとき、そしてマイクロソフトやAWSでマネジメントをしていたときは、マトリックス型組織をていねいに設計し運用していた。そしてドワンゴでもゼロからマトリックス型組織を設計し、インフラ改革を成功できたので、引き続きそのノウハウをベースにKADOKAWAグループのDXを進めている。

さて、DXの基本となるマトリックス型組織をつくるための基礎を3つ説明したい。

1つ目は個々の役割を明確にしたサービス型チーム（仕事をサービス〈機能〉と定義し、利用者に対する機能と品質を守るチーム）をつくることだ。個人とチームの役割が明確になるため、仕事のスピードが上がる。チーム内の人数は8〜10人でつくると完璧である。サービスの定義のやり方や、つくり方を適切に行なうと成功するが、それができないと成功しない。サービス型チームのつくり方の詳細については後述する。

2つ目はコミュニケーションを改革し、チームの連動性を高めることである。有益なツールを適所で用いるコミュニケーション改革を行なうと、時間単位の生産性が必ず上がる。ただし、短時間に集中して仕事をするがゆえに、その代償としてメンタルが削られることがある。意思決定疲れから自分を取り戻すようなメンタルマネジメント、たとえば山登りや運動をするなどして、自分の時間を過ごすことなどが重要になる。もし、コミュニケーション改革をしないで、マトリックス型組織を目指すと、コミュニケーションコストが急上昇し、逆に生産性を下げてしまうことがある。

3つ目はマトリックス型組織に合った人材マネジメントをすることである。現代的な働き方を実現しようとすると、リモートワークも必須となる。マトリックス型組織で、リモートワークをしてもスムーズにコミュニケーションがとれるようにすることが、最終的な到達点になる。それは、縦（個別化）と横（プラットフォーム化）のチームでかつ、リモートで仕事をする従業員の人材管理を適切にするということである。つまり、これらの管理を「低コストで」やるために、シンプルながらも仕組み化された「現代的な」人材マネジメントの枠組みが必要になる。

もしそれができないまま進むと、特定の人に仕事が偏ったり、DXに対してリスクをとって挑戦をした社員が評価に納得できず、パフォーマンスが下がったり、場合によっては退職に至ってしまう。

サービス型チームをつくる

マトリックス組織をつくり運用するために必要な1つ目の要素は、個々の役割を明確にしたサービス型チームをつくることであると述べた。サービス型チームをつくりたいと口にしたり、こんなチームがいいと想像を膨らませるのはだれでもできる。しかし適切なチームをつくることはなかなか難しいため、チームをつくり運用する方法を明確にする必要がある。

目的のために進化を続けるために

業務が複雑になっているにもかかわらず、デジタル技術という要素が入ることにより、仕事のスピードアップが求められている。サービス型チームが必要な背景にはこういった事情がある。多くの企業ではサービス型チームをつくり、まるでAPIのようにスムーズに連携するということが必須になりつつある。なぜなら、仕事は信頼関係で成り立っており、それを高め、維持するために必要な仕事の境界線はサービスとして定義することでわかりやすく表現できるためである。

APIのように仕事の境界線が明確で信頼できるものになっていれば、Aというサービスに対して、APIのBというメソッド（仕事のやり方）で依頼し、必ず期待するタイミングで、期待する何かが返ってくる。つまり、何かを目的とする際に、誰に（何に）、どのような方法で依頼をすれば良いのか、利害関係者全員に公開されているため、リクエストをする人は一切迷わないということである。

これをしっかり行なうと、仕事の重複や隙間が明確になり、圧倒的に仕事を進めやすくなる。同時に、サービス定義を行ない、定期的に更新することで、受け身で仕事をすることに比べて意思決定することが増えるため、従業員のスキルが格段に向上し、自律的なチームになる。

フレデリック・ラルーの著書『ティール組織』（英治出版、2018年）で「ティール組織」という概念が紹介されたが、これは、旧来型組織とは一線を画し、社長や上司がマイクロマネジメントをしなくても、目的のために進化を続ける組織のことである。メンバー1人ひとりが自分たちのルールや仕組みを理解して独自に工夫を施し、意思決定を行なっていくという特徴が見られる。サービス型チームのサービスをきちんと定義し、運営することで、多くの人が目指したい「ティール組織」に近づくことができる。

情報システムや、従来のデジタルサービスは開発期間が決まっているプロジェクト型であり、プロジェクトが終わるとチームは解散し、サービスそのものも終了していた。しかし現在のデジタルサービスはサブスクリプション型が主流になりつつある。サービスをつくったらつくりっぱなしで終わるというわけではなく、つくったデジタルサービスを軸に顧客接点を長期的にマネジメントしていく必要がある。特に「保守」など、サービスができた後の運用が重要となってくるため、この点まで見据えたサービス型チームをつくることが重要である。

サービス型チームの大きさと提供するもの

まず、適切な大きさでサービスを定義する。そして、そのサービスを開発・運営するチームは、8人くらいが妥当だ。ちなみにこの人数にも理由がある。

アマゾンの創始者であるジェフ・ベゾスは不要な会議を避けるように言及し、どうしても会議を開かねばならないときは、2枚のピザを分け合える人数に抑えるべきだという2ピザルールを適用して生産性を高めている。サービス型チームもこれとまったく同様である。

ここでいうサービスとは、アプリケーション等の機能を提供するというようなものもあれば、ヘルプデスクのような人的サービスもある。とにかく、すべての仕事は「サービス（＝機能）」として定義されると考えていくことが重要である。

出てきたサービスをリスト化（たとえば、サービスA、サービスB…というように）し、関係性の高いサービス同士をまとめて戦略性、連動性を高めるためにストラテジーというくくりをつくる。そしてそこで、サービス間連携をするためのバリューチェーンをできる限りシンプルにつくる。その後、ストラテジー内で最適化を図り、隙間や重複を緩和する。最後に、ストラテジー間の調整を行なう。

ストラテジー内のサービスの内容の調整はストラテジーを担当する代表者である

ストラテジストが行なう（サービスチームの責任者であるサービスオーナーは課長クラス、ストラテジストは部長クラスがなることが多いが、兼任する場合もある）。週単位で調整を行なってもよいだろう。

ストラテジー間の調整は日々行なうことも大切だが、大きな枠組みを考え直すために四半期レビューにてストラテジスト同士でストラテジー目線合わせを必ず行なうことが必要である。もしサボるとサービス型チームが機能しなくなる。

人材を確保するための3つのP

サービス型チームをつくる際に注意する点は、人材管理とサービスチームづくりを分離してもOKとすることである。人材管

図表9　サービス型チームとストラテジーの関係

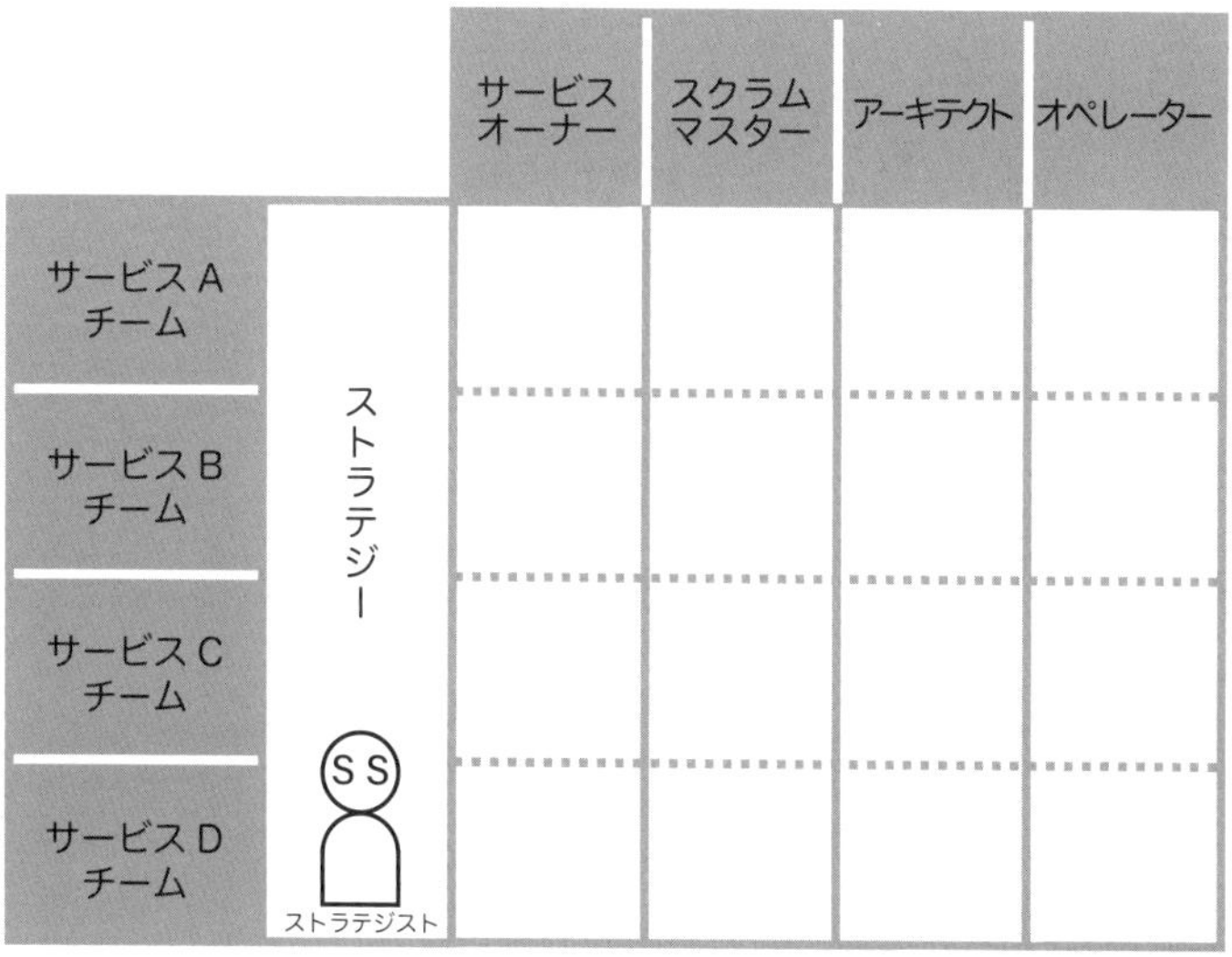

理をしてくれる上司は変更せず、自分自身は所属部門にいることになるが、サービスチームの一員として働くときはその組織という箱は関係なくなる。具体的には図表9のように役割を分け、1人が複数の役割を担当したり、複数のサービスチームに入ったりもするのである。

一般的な○○○部、△△△課という単位の人材管理の組織をつくって部署ごとに仕事を渡すと、その瞬間から仕事が既得権益化されてしまう。自分たちの能力ではできないのに「できる」といってしまい、その結果、後工程や下請けの人が割を食らってしまう……などという例は、どこの企業でも見かけるだろう。

他の部・課の人が加わったほうがうまくいくこともあるのに、部・課単位の運営では他の部・課の人を1人だけ入れるのは難しい。結局、出来上がったものが良ければ自分たちの手柄にするし、悪ければ後工程のせいにするという構図が出来上がってしまう。もし課題が発生しても、できていないことを表面化させたくないため、最新の状況を隠すようになる。そういった例もあるのである。つまり、サービス定義があいまいのまま、後工程を担当する人やチームに丸投げする、ノウハウの精度や人材の効率化が下がってしまうのだ。

まずはサービスの定義を明確にし、サービスチームの責務と権限を明確にした後に、チームをつくることが重要である。そこで必要になる人材を確保するために、チーム運営に必要なマネジメントスキルを３つのPに分け、それらに人を割り当てていく。その結果として、不足しているマネジメントスキルを埋める育成計画を立てるとよい。製品やサービスを管理するProduct Management（プロダクトマネジメント、あるいはService Management〈サービスマネジメント〉）、プロジェクトの進捗を管理するProject Management（プロジェクトマネジメント）、そして人の管理をするPeople Management（ピープルマネジメント）、この３つをもとに図表９の形で人材のスキルに合わせてロールアサインリスト（役割を割り当てるリスト）をつくる。

このようにマネジメントスキルを３つに分けて、従業員の育成計画を立てる手間を惜しむと、ザックリとした育成になるため、スキルのアンマッチ等が発生して、組織として機能しなくなるということがおわかりになるだろう。

サービス型チームをつくる上で必要な２つのこと

まず、サービスを開始する際には、**社内外を問わずお客様向けのプレスリリースを作成する。**そのサービスをつくる・つくらないを判定する利害関係者に内容を提示し、中身が十分練られているかサービスをつくる前にレビューをしてもらうことが必要である。アマゾンはサービス開発をする前には必ずInternal Press Release（インターナルプレスリリース）をつくるというお作法があった。私はそれを日本企業的にアレンジして実践している。

よくサービス型チームを構成する人数を聞かれるが、サービスの大きさについては厳密な正解はない。たとえば育成を兼ねて、小さめのサービスをつくり、新卒2年目に任せてもよい。

次に、**サービス型チームをつくるための1丁目1番地である、DX時代の人材マネジメント**である。詳細は後述するが、ここにDXの本質が隠されているともいえる。People Portfolio Management（以下、ピープルポートフォリオマネジメント）、ロールアサインリスト、実力型人事制度など筆者がVMwareやマイクロソフト、AWSで実践してきたGAFA型のマネジメント手法はまさにDXのためにあった。それらの企業がまだまだ業績が伸び続けていることからも、重要性が証明できていると思う。

コミュニケーション改革

マトリックス組織をつくり運用するために必要な2つ目の要素は、コミュニケーション改革である。それはなぜか？　上下左右の情報格差が既得権益となり変革を阻んでしまったり、ムダな会議の多さが邪魔をしてスピードや生産性が上がらなかったり、口だけが立つ社員が他人の成果を横取りし、正しく実行している社員が評価されずにしらけてしまっているといった事例がどこの会社でも見られる。これらの原因の根本はコミュニケーションである。これをやらずして、DXは成功しない。ではそれぞれについて詳細を確認していこう。

実行する手順としては、コミュニケーションポートフォリオを設計し、見直した後に、RoB（Rhythm of Business：ビジネスレビューなどのサイクル）やコミュニケーションツールの最適化を行なうことが重要である。コミュニケーションポートフォリオは、7つの習慣で整理すると簡単だ。「急ぎ・急ぎではない」「重要・重要ではない」の軸で、社内のコミュニケーションを整理し、それぞれの手法を「具体的に」記載することである。

コミュニケーションポートフォリオ

ここで重要なことは、電話、メール、チャット、カレンダー、Ｗｉｋｉ、クラウドドライブの使い分けである。電話、メールをご存じない方はいないだろうから、そのほかのサービスについてをここで簡単に説明したい。

チャットというのは、ネットワーク上でリアルタイムに複数の人が文字を入力して会話を交わすことである。最近では、Ｓｌａｃｋ（スラック）やチャットワークが有名で導入している企業も多く、メンバーや議題によってチャンネルを複数つくることができる。

カレンダーというのはウェブ上でスケジュール機能を共有するサービスのことだ。

Ｗｉｋｉというのは複数のユーザーが共同してＷＥＢブラウザから直接コンテンツを編集するウェブサイトのことで、Ｗｉｋｉｐｅｄｉａ（ウィキペディア）が有名だが、社内版Ｗｉｋｉといったサービスも多数存在する。クラウドドライブとは、インターネット上にファイル保存・共有ができるように設計されたサービスのことである。

まず、Wikiを中心に情報をお宝化して、社内のコミュニケーション設計を見直すことをオススメしたい。たとえば、全社の週報は可能な限り全社員に公開する。利害関係が一致しない場合であっても、そのような情報を公開することで、社員の一体感が増す。また、チャットのチャンネル設計をできる限り構造的に行ない、周知する。たとえば、利用者が迷わないように、チャットのチャンネル命名規則をある程度決めておくなどすることが重要である。特にKADOKAWAでは、チャットの基本マナーを漫画（電子化したものと紙）で広めたり、個別の説明会や教育プログラムを提供したり、日々の従業員とのコミュニケーションを通じて、社内に浸透させている。これにより、チャットのチャンネルが「雑談化」「乱立」「不要なプライベートチャンネル化」するのがある程度防げる。

これらのコミュニケーションツールの使い分けをコミュニケーションポートフォリオとしてきちんと設計する（図表10）。その際の秘訣は、対面型のミーティングの有無を明確にすることである。文字、音声、表情など、あらゆるコミュニケーションを適切に設計することが、企業や組織の力を強くする（図表11）。

図表10　コミュニケーションポートフォリオ

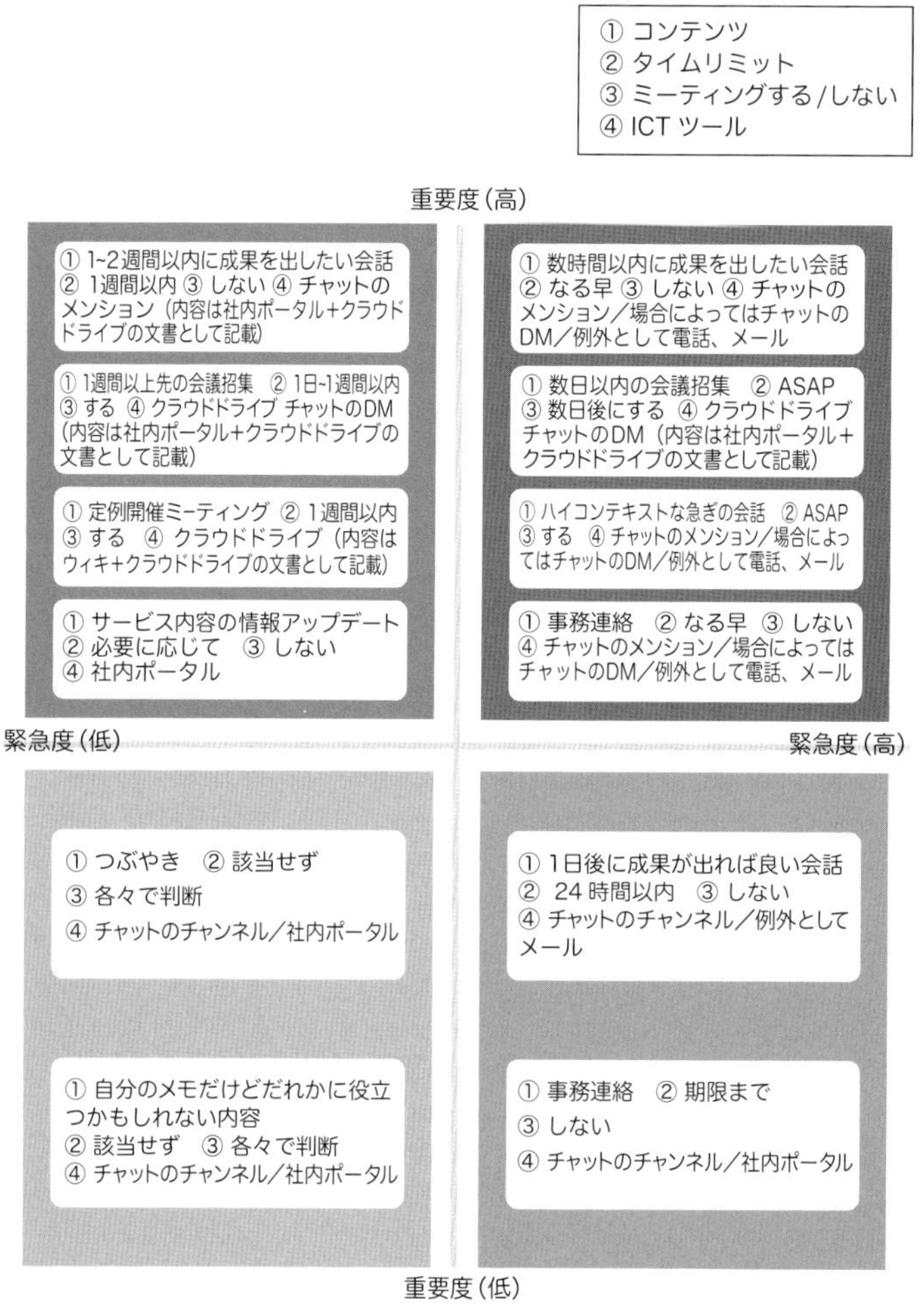
① コンテンツ
② タイムリミット
③ ミーティングする/しない
④ ICT ツール
重要度(高)
① 1~2週間以内に成果を出したい会話 ② 1週間以内 ③ しない ④ チャットのメンション（内容は社内ポータル+クラウドドライブの文書として記載）
① 1週間以上先の会議招集 ② 1日~1週間以内 ③ する ④ クラウドドライブ チャットのDM（内容は社内ポータル+クラウドドライブの文書として記載）
① 定例開催ミーティング ② 1週間以内 ③ する ④ クラウドドライブ（内容はウィキ+クラウドドライブの文書として記載）
① サービス内容の情報アップデート ② 必要に応じて ③ しない ④ 社内ポータル
① 数時間以内に成果を出したい会話 ② なる早 ③ しない ④ チャットのメンション／場合によってはチャットのDM／例外として電話、メール
① 数日以内の会議招集 ② ASAP ③ 数日後にする ④ クラウドドライブ チャットのDM（内容は社内ポータル+クラウドドライブの文書として記載）
① ハイコンテキストな急ぎの会話 ② ASAP ③ する ④ チャットのメンション／場合によってはチャットのDM／例外として電話、メール
① 事務連絡 ② なる早 ③ しない ④ チャットのメンション／場合によってはチャットのDM／例外として電話、メール
緊急度(低)
緊急度(高)
① つぶやき ② 該当せず ③ 各々で判断 ④ チャットのチャンネル／社内ポータル
① 自分のメモだけどだれかに役立つかもしれない内容 ② 該当せず ③ 各々で判断 ④ チャットのチャンネル／社内ポータル
① 1日後に成果が出れば良い会話 ② 24時間以内 ③ しない ④ チャットのチャンネル／例外としてメール
① 事務連絡 ② 期限まで ③ しない ④ チャットのチャンネル／社内ポータル
重要度(低)

図表11　コミュニケーションツールの守備範囲

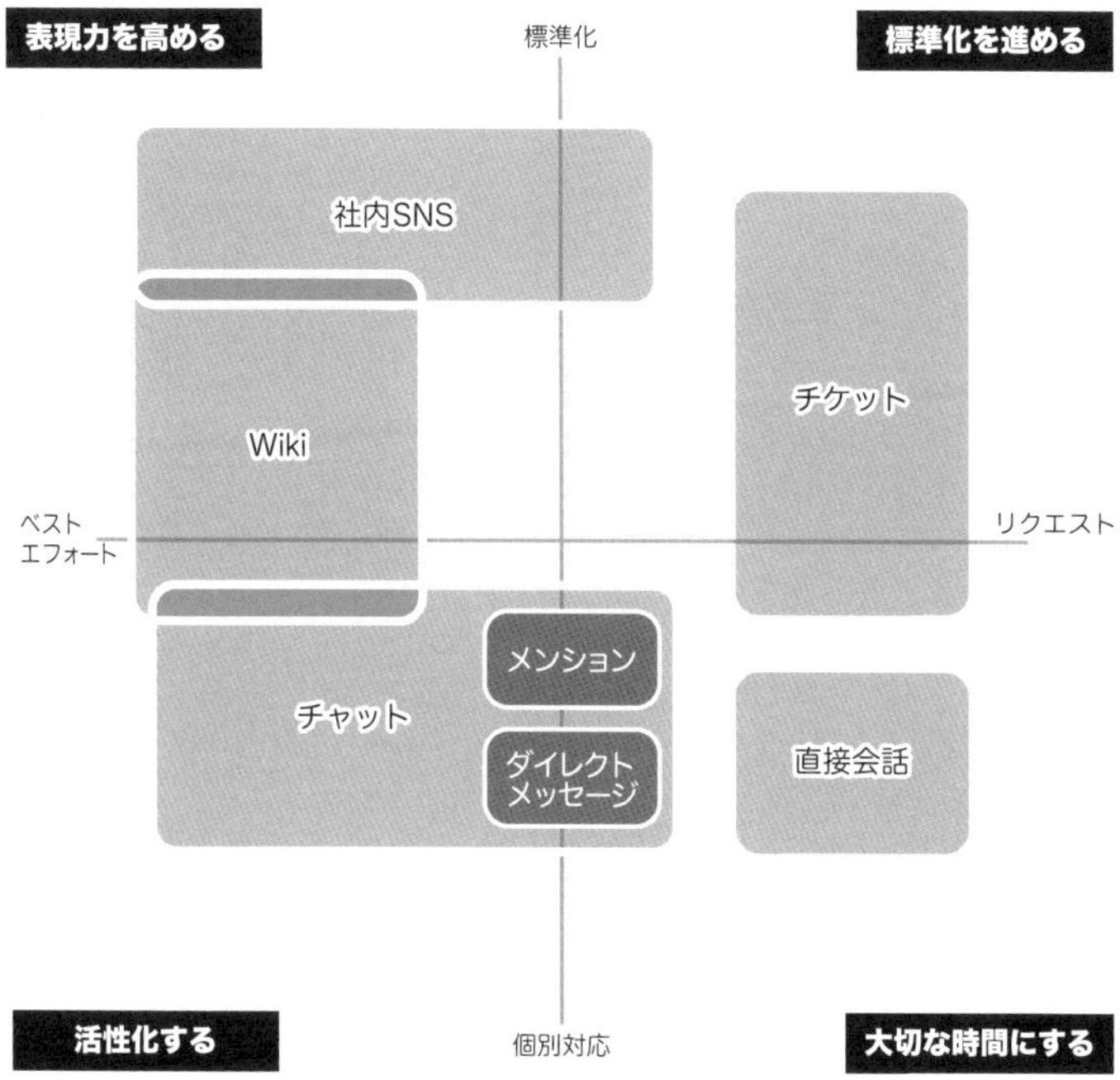

RoB管理

ＲｏＢはあまり聞き慣れない言葉だと思う。筆者がマイクロソフト在籍時代に頻繁に使われた言葉なのだが、ビジネスのリズム……つまり、意思決定、情報共有、ＫＰＩのレビュー等をいつ、どこでやるのかということである。筆者はこれを、コミュニケーション、特に会議に絞り、設計するときに使っている。

コミュニケーションポートフォリオ設計というベースラインがあった上で、いつ、何を、どこでやるかを徹底的に考える。何を話すか事前に決められ、それが会議前にはすでに書類に記載されている。日本人が日本人向けに日本語で書かれていることを読むといった時間のムダにしかならない会議があるが、こういったムダを省くために重要なのは良いフォーマットである。よくできたフォーマットがあるだけで、会議のコストを年数億円規模で削減できる。加えて、良いフォーマットは書類を作成する人の負担も減らす。会議の参加者はより会議の議論に集中できるようにもなる。

また、ゴール設定と人事評価も同様だ。設計されたフォーマットをしっかり使うことで、同様の効果が得られる。そんなこと、うちでもやっているよという声も聞こえてきそうだが、フォーマットは十分設計されているだろうか？　そして、上司と部下は同じフォーマットに記載しているだろうか？　さらに、上司と部下のゴールやレポートはつながっているだろうか？　そのゴールやレポートは共有されているだろうか？　これらの設計が不十分ならば、うまく機能していないのはいたし方ない。

そこまでガチガチに堅苦しく考えては、逆にコミュニケーションがとりづらいと思う方もいるだろう。もし、アイデア出し等発想力を重視する場合は、ブレストという形でやればよい。つまり、堅くすることについては設計された仕組みで行ない、自由に行なうものは自由にするというメリハリが大切であることはいうまでもない。

コミュニケーションツールの最適化

コミュニケーション改革においては、コミュニケーションポートフォリオとRoBを見直すことが先で、コミュニケーションツールの最終選定は最後でいい。これまで、マトリックス組織の運用が難しかったのは、コミュニケーションツールの未熟さがボトルネックだったからだ。最近のツールは使いやすさが高まり、費用が安くなり、組織運営の仕組みを支えられるレベルになってきた。つまり、技術の進化により、これまで不可能だったことができるようになってきたが、一方で、人や組織がそれについてこられないという問題も浮き彫りになっている。

そもそもコミュニケーションの結果出てきたアウトプットは会社の資産である。だから、社員をはじめとする利害関係者がアウトプットしやすいようにサポートする仕組みをつくる必要がある。ここで重要なのは「管理」ではなく「サポート」ということだ。スピード重視で仕事をする場合は、現場の意見とトップからの方針、双方向の伝達と互いの言い分を理解することが重要である。だから、双方向で情報交換をし、トップは社員の意見を理解した上で、社員をサポートし、社員はトップの方針に耳を傾けることが必要である。

今後はデータ・ドリブンな社会になっていくだろう。コミュニケーションを行なったデータは社員のアウトプットであり、人材としての価値を判断する貴重な資産になっていく。これらの資産を適切にマネジメントできる会社や事業体が今後生き残っていくことだけは間違いない。

人材マネジメント

マトリックス組織をつくり運用するために必要な３つ目の要素は人材マネジメントを実力主義型にすることである。頭ではわかっていても、実践し、その形を回し続けることは難しく、どんなことが起きるかわからないため思い切って踏み込めないというのが実情ではないかと思う。この仕組みを数年間行なってきた結果からいえるのは、「実力型人材マネジメント」「ピープルポートフォリオマネジメント」「ロールアサインリスト」の３つを適切に運用することが必須ということだ。

実力型人材マネジメント

サービス型チームでは、明確なロール（役割）に分け、そのロールを自分が担当すると宣言するとそれに応じた権限・責任・報酬を得られる仕組みにする。このシンプルな構造を愚直に実践することこそ、実力型人材マネジメントを実現する秘訣となる。以下に、ロールを紹介する（図表12）。

- **ストラテジスト**　類似した分野のサービスチームをまとめる責任者
- **サービスオーナー**　サービスとして分けた小さな業務の責任者。そのサービス全体の売上げと費用の数字、機能とサービスレベルに責任をもつ
- **スクラムマスター**　サービス内のスケジュール管理に責任をもつ
- **アーキテクト／コンサルタント**　全体のサービス設計に責任をもつ
- **エンジニア**　システム開発と構築に責任をもつ
- **オペレーター**　サービスのオペレーションについて責任をもつ

図表12　ロールごとの仕事

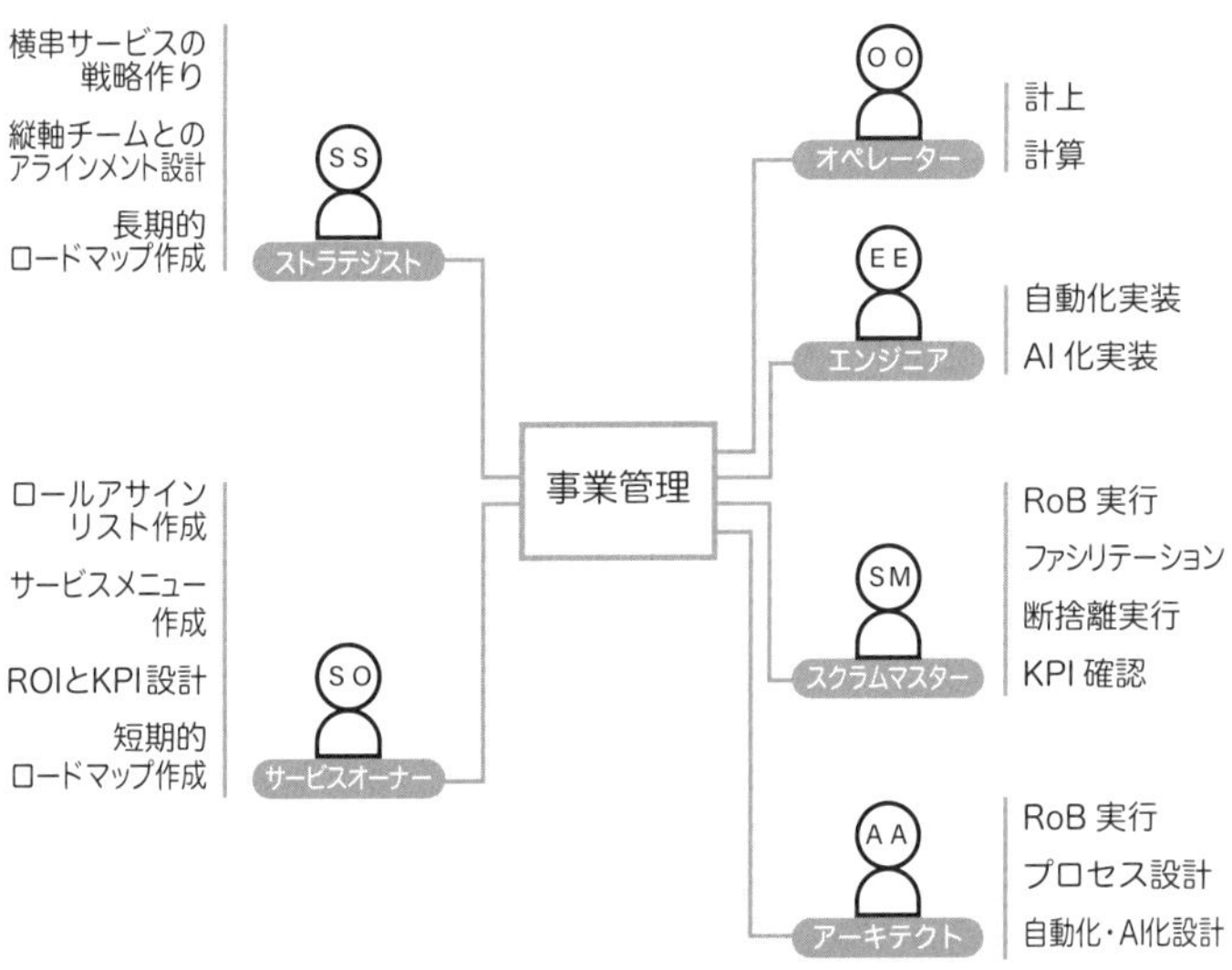

それぞれのロールに合ったゴールを期初に設定することは必須である。ゴール設定の際には、

①新しいサービスをつくる
②過去の負債を返却する
③オペレーショナルエクセレンス
④ミスコミュニケーションをなくす
⑤自己成長をする

という枠組みを統一して設定する。

KADOKAWA Connectedのゴール設計を例に解説しよう。

新しいサービスをつくるとは、「ストラテジストが設定したロードマップをベースに、今期中にAIカメラサービスを立ち上げ、β版をリリースする」というようなものである。

過去の負債を返却するとは、「2年前にサービスリリースしたRDBaaS(1)の基

(1) RDBaaS
Relational Database as a Serviceの略。RDB（関係データベース）をクラウドサービスとして提供すること。

盤のバックエンドの設計が、今考えるとイマイチであったため、その設計を見直し、機材のリプレイスと運用のアップデートをする」というようなものである。

オペレーショナルエクセレンスとは、「3年間かけてガバナンスがきいていない状態でリリースしてきた100のブランド別WEBサイト群の運用がバラバラであるため、運用の方式とプロセスを刷新し、今後1年間でリリースされるであろう50のブランド別WEBサイトまで視野に入れて、現在の運用コストよりも低くした仕組みをつくり、新旧すべてのWEBサイトに適用していく」というようなものである。

ミスコミュニケーションをなくすとは、「ところざわサクラタウンの開業をオンタイムで行なうために、日々の流れていくコミュニケーションは原則Slackで行ない、蓄積していくコミュニケーションはWikiに蓄積をする。口頭発注・依頼は禁止し、証跡を残すことで、スケジュールが厳しくなったときに『いった』『いわない』ということが発生しないようにする。状況がクリティカルになった場合は、日例会議を行ない、トラブルが発生した場合は振り返り会を必ず実施する」というようなものである。

自己成長をするとは、「サービスオーナーになるために、ヒト・モノ・カネを深

---

(2) EUC
End User Computingの略。従業員向けの情報システムサービスを意味する。

く理解するために、ＭＢＡの単科コースでクリティカルシンキングやアカウンティングを勉強する。その内容をベースに、担当をしているＥＵＣ(2)サービスのメニュー化を進め、Employee Experience(3)の向上を行なう」というようなものである。

ピープルポートフォリオマネジメント

だれにどのロールを割り当てるかを決めるにあたり、ピープルポートフォリオマネジメントを活用する。

個々の得手不得手を、図表13の上部のようなシートに縦軸を発散（創造が得意）、収束（マネジメントが得意）、横軸をアウトプットの大きさ（質×量）として社員をマッピングしていく。

横軸をアウトプットの大きさにした理由を少し説明する。人材管理をする上で、人のスキルで表現しようとするがゆえに、複雑すぎる切り口を使ってしまう事例を今まで見てきた。具体的には、コミュニケーションスキル、ビジネスの数値のスキル、プレゼンテーションスキル、実行力、ＩＣＴ技術力など多岐にわたる。

その結果、管理したデータから判断することができないというジレンマに陥ってしまう企業が多い。

(3) Employee Experience
従業員の就業をする際の体験。各々の従業員の働きやすさを意味する。

図表13　ピープルポートフォリオマネジメント

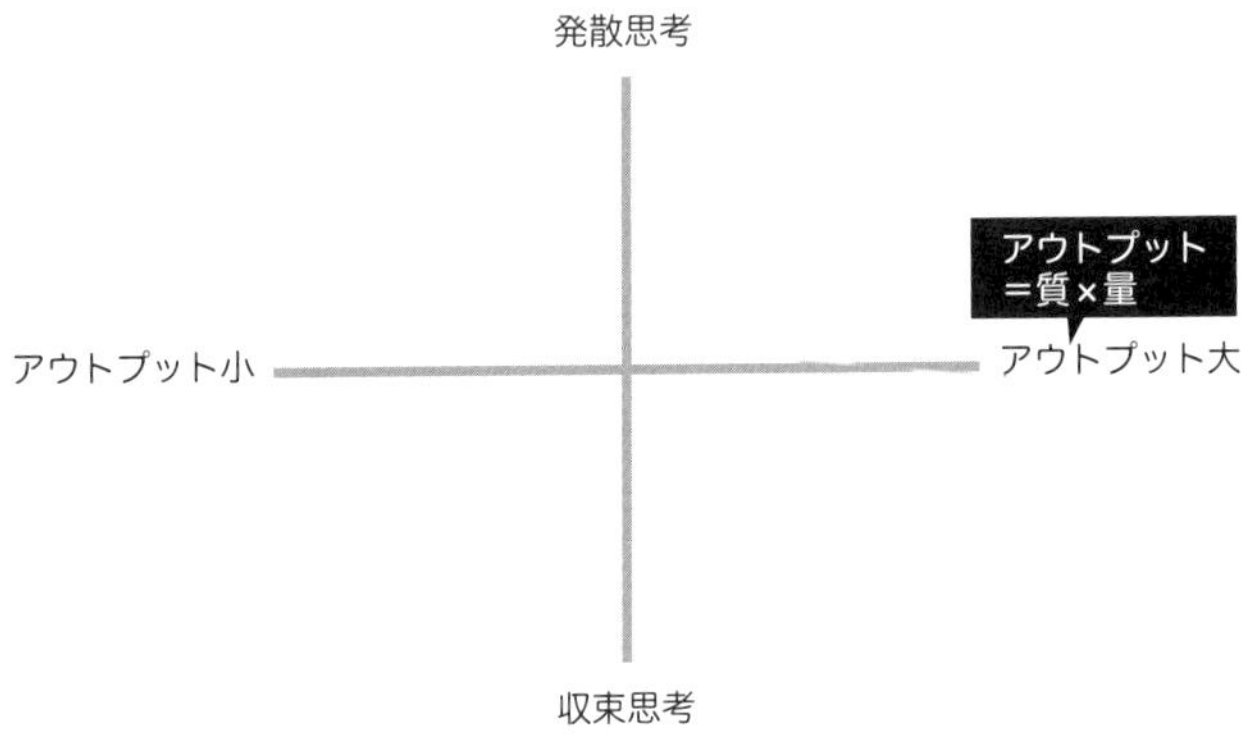

〈ICT エンジニアをマッピングした事例〉

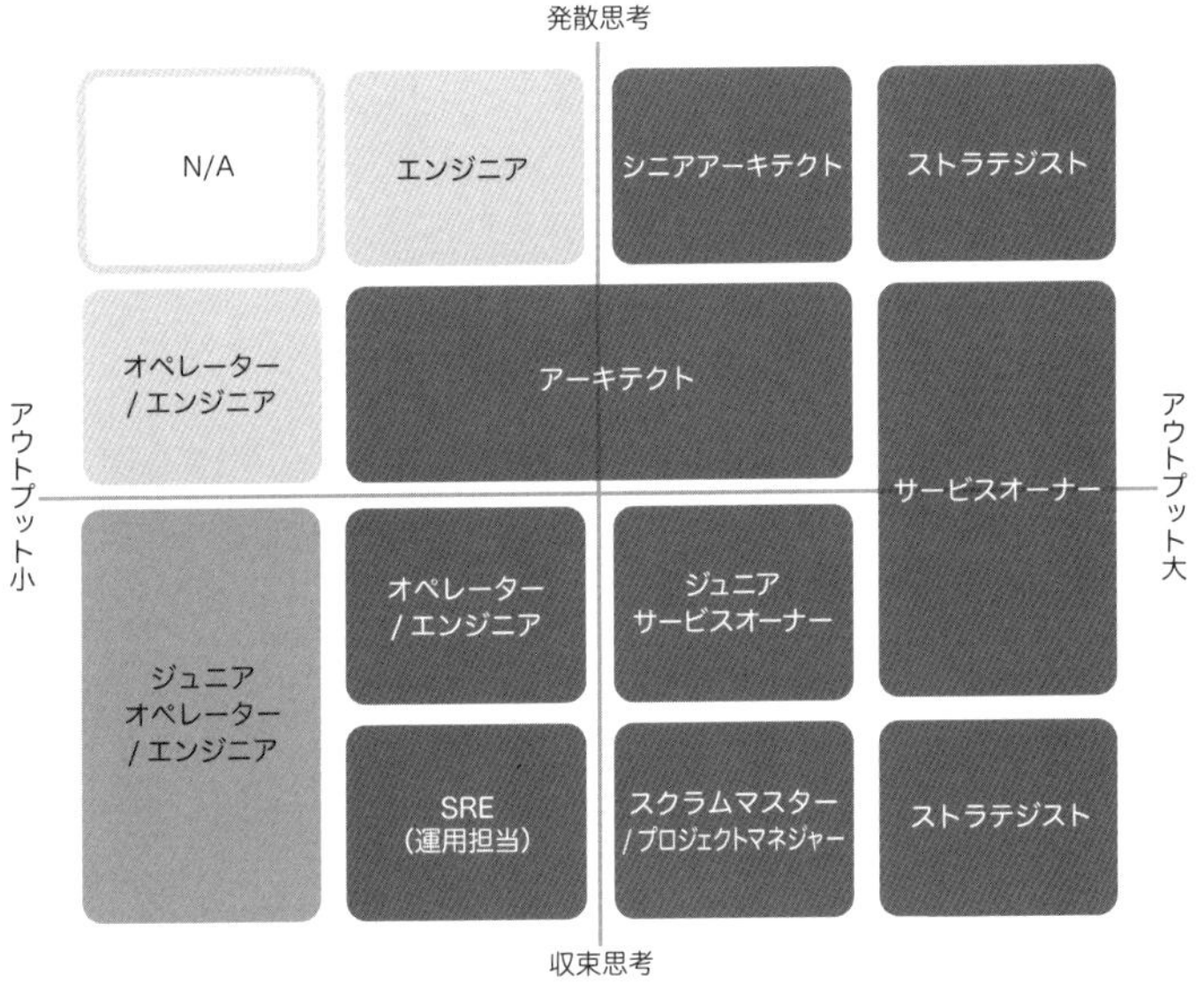

思い切って、アウトプットの大小で分けてみて、その裏づけとして「必要な場合のみに」スキルを確認しその人の実力と割り当てを確認するのがよいと思い、このような枠組みにした。実力通りロールを割り当てられているかを確認する方法としては、各ロールの定義を明確にし、そのロールとしての役割を日々実行しているか、週報や日々のチャットでの会話で理解した上で、昇給／降給をする際に実施するキャリブレーション（全員の給与の順位を相対的に確認する）にて、今の割り当てされているロールが妥当かどうか判断する。

前述のように能力とはその人がもつ力であり、実力とは能力に実行がともなうものである。アサインする（ロールを割り当てる）際には能力よりも実力で行なう。

さて、話は戻るが、このマッピングと前述のロールは図表13の下部のように一致しており、だれが何に向いているか、現在就いているロールが適切なのかが一目瞭然になる。適切に仕事がアサインされる場合には能力通りの大きさのアウトプットがなされる。本人にとって少しチャレンジのあるゴールを設定して実力より大きめのアウトプットを期待したロールをアサインしている状態の場合、自己の成長の面ではプラスになることがある。

一方で、適切な仕事がアサインされていない場合は能力通りのアウトプットの大きさにならない場合がある。それはせっかく高めた能力を実力として活かし切れていない状態である。リスクをとりたいと考えている人に対して、チャレンジのあるロールを設定していない場合には、実力が向上することなく、自己成長の面ではマイナスに働くことがある。

個々人の性格がなかなか変わらないように、縦軸の発散思考／収束思考はなかなか変化しない。唯一変化が見られるとすれば、一緒にいるチームのメンバーと比較して相対的に発散的になったり、収束的になったりすることである。つまり、従業員の特性（能力と思考の傾向）と仕事の内容によって、チーム全体のパフォーマンスは劇的に変化するといえる。ここまで意識して人材管理を行なう会社が少ないことが、日本人が生産性を高められない原因だと思う。みなさんの会社はここまで考えているだろうか？　またみなさん自身はどうだろうか？

ロールアサインリスト

1つの例として図表14にＩａａＳサービスを例にあげる。ＩａａＳサービスはＶＭ（仮想マシン）サービスと他の３つのサービスで、４つのサービスチームによって成り立っている。自社でサーバなどのハードウェアをもたずにインターネット経由で必要に応じてサーバやストレージ、ネットワークリソースを利用できるサービスのことをInfrastructure as a Service の略でＩaaＳというが、これを用いてＶＭサービスをつくったとしよう。このサービスにアサインされるのは、サービスオーナー、アーキテクト、スクラムマスター、エンジニア、オペレーターである（図表14）。どこの組織から来ても問題ないし、１人で複数ロールを担当してもいい。また、１人で複数のサービスオーナーをしてもいい。

ＩaaＳの場合はオペレーターがＳＲＥ[4]（いわゆる運用チーム）からアサインされることが多いだろう。

サービスの上位概念としてのストラテジーというものをしっかりつくっておき、サービスオーナーをとりまとめるストラテジスト（サービスオーナーが兼任することもある）を配置する。たとえばＶＭサービスのストラテジーを「ＩaaＳサービス」とするのがいいだろう。技術面で重要な「ネットワーク」は別ストラテジーとして切り離して設置し、適切な技術戦略をつくれるようにする工夫が必要である。このロールアサインリストをつくることにより、どのような仕事があるか、だれが何に責任をもっているか、どこにどのような人材が不足しているかが一目でわかる

(4) SRE
Site Reliability Engineeringの略。いわゆる運用を改善しながら運用を行なっているチームを意味する。

ようになる。これをつくれるようになると、人材の採用・育成・登用等の決断を素早くかつシャープにできるようになる。

ロールマッピング

ピープルポートフォリオマネジメントを使い、ロールをマッピングする。図表15はICTエンジニアを例としたロールマッピングを行なった例である。

サービス型チームでは、すでに述べたように、ロールが給与と連動するため、この図の右にいけばいくほど期待値が高まり、基本給が上がる。また、上にいけばいくほど創造性を期待され、下にいけばいくほど、マネジメントを期待される。

チームや組織をつくる際に、ロールの組

図表14　ロールアサインリスト

		サービスオーナー	スクラムマスター	アーキテクト	エンジニア	オペレーター
IaaSサービス	VMサービス					
	サービスB					
	サービスC					
	サービスD					

み合わせをうまく行なうことが重要だが、図表16の2つの白い矢印のようにする。

一番右上のストラテジストがリードするサービス群のビジネスを進める場合、必ず一番右下のストラテジストが必要になる。図表16でいうと白い矢印である。真ん中の軸を対称にして左右の位置が同じくらいの人材をペアにして、ビジネスを進める。

もし、小さなサービスをつくる場合は、ジュニアサービスオーナーとアーキテクトをペアリングする。

一方で、2つの交差する黒い矢印のように、左右のずれがある場合、右上のストラテジストはカウンターとなるスクラムマスターやプロジェクトマネジャーに対して「もっとまとめをして実行まで落とし込ん

図表15　ICTエンジニアのロールマッピングの事例（図表13の下の図を再掲）

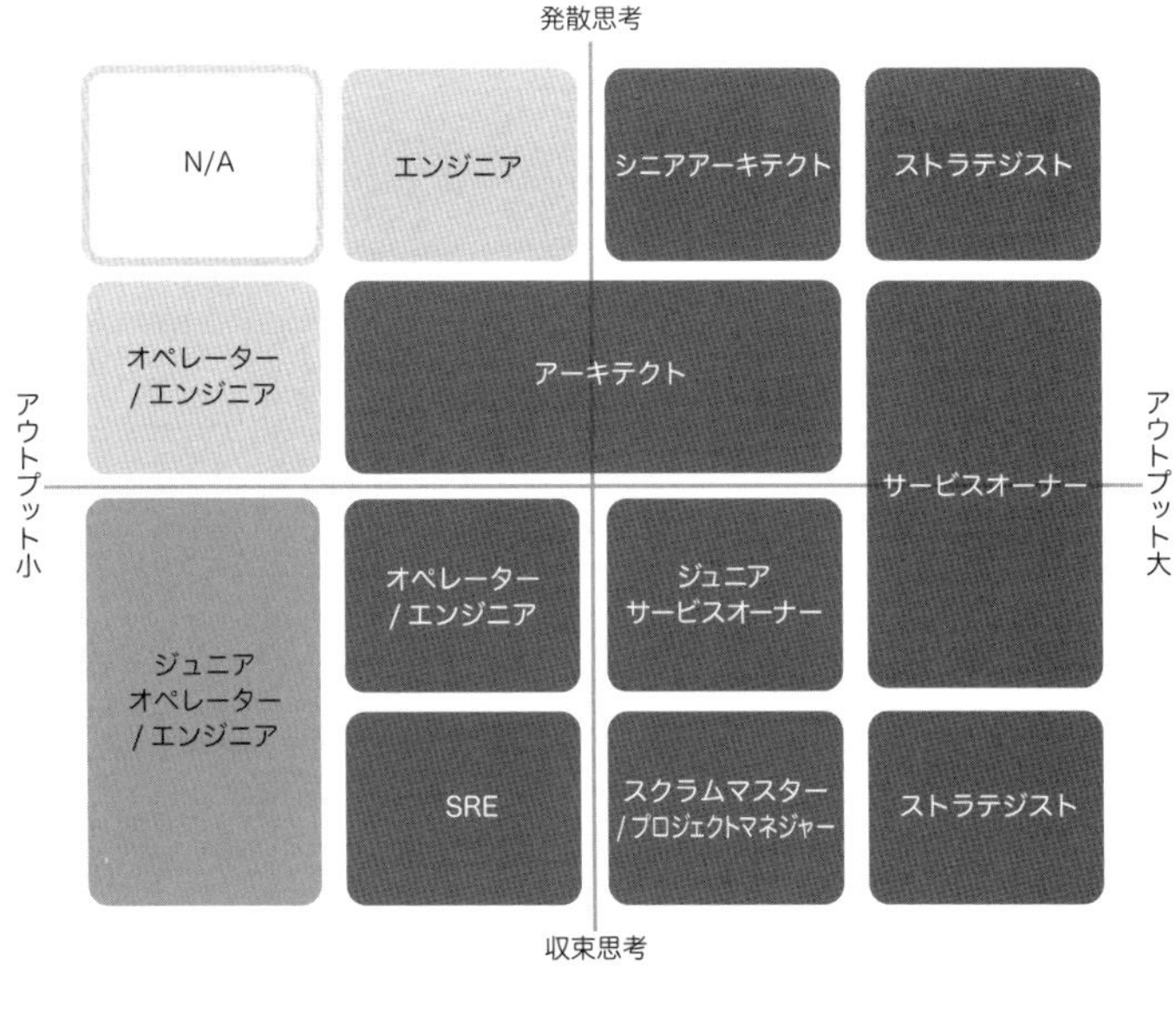

でほしい」と不満をもち、右下のストラテジストの人は、シニアアーキテクトに対して、「もっと発想力豊かなシナリオをつくって、アウトプットしてほしい」と不満をもつ。

たとえば、右上のストラテジストが、新しいCRM（顧客関係管理）の仕組みを考え、顧客に提供できるサービスまでに高められると、業界に前例のない仕組みができる。しかし、その思考レベルについていける人材である一番右下のストラテジストが不在であったため、1つ左のプロジェクトマネジャーをアサインした。結果的に、その創造性あふれる企画を、論点整理し現実解に落とすことが十分にできなかったため、右上のストラテジストはストレスを抱

図表16　人材のペアリング

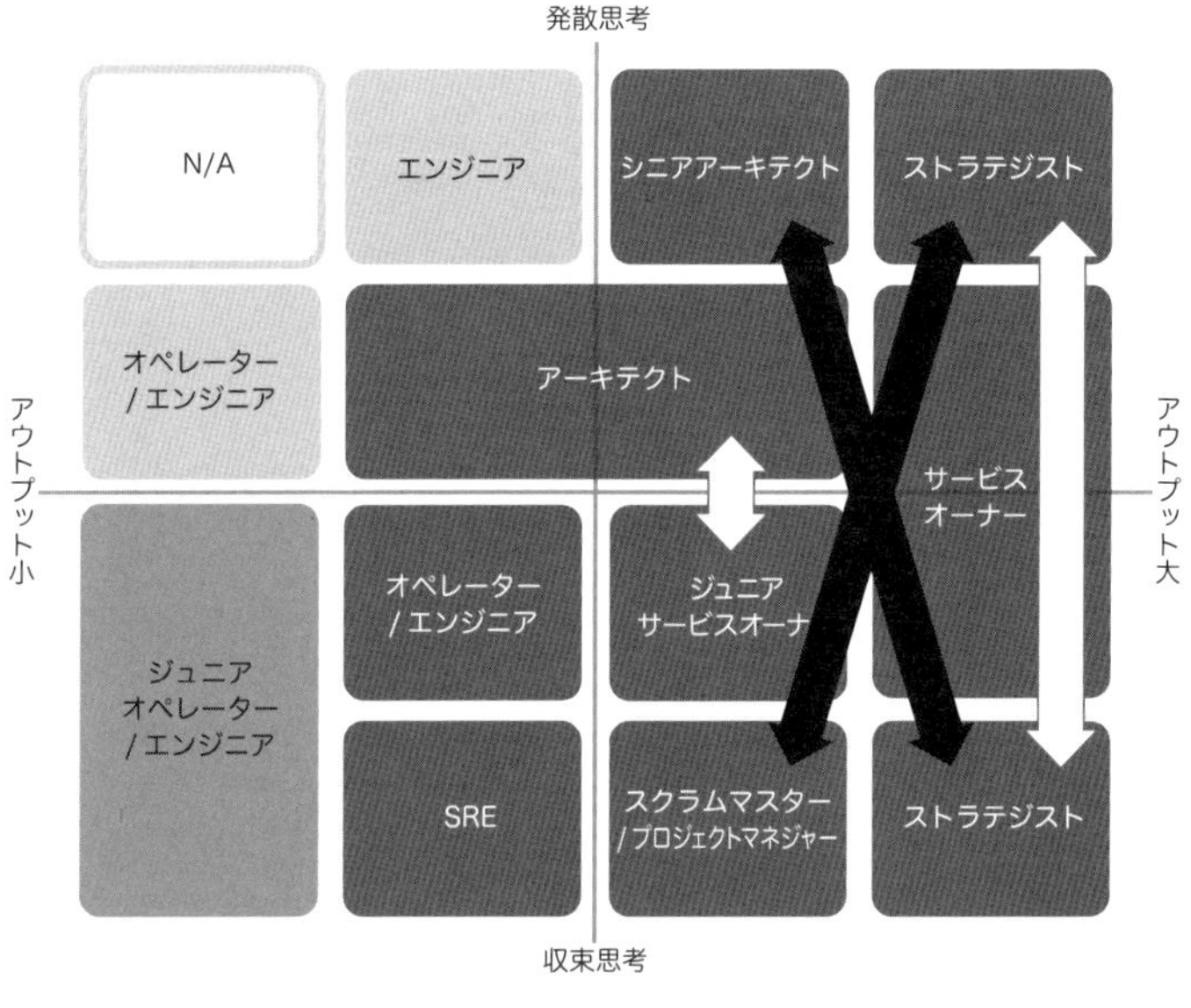

え、プロジェクトマネジャーはいわれたことをただやるだけのようになり、出来上がったサービスは当初描いていたサービスにならなかったということになる。

シニアアーキテクトレベルの人材が、新しいＥＣサービスをつくりたいと企画を持ち込んできた。右下のストラテジストはそれを見ると、右下のストラテジストがすぐ思いつくレベルの企画であったため、それくらいの提案ではライバルに勝てないのでもっと企画を練ってもってきてほしいと感じ、右上のストラテジストが練り直した企画が欲しくなる。右上のストラテジストが不在の場合は、おそらくそのＥＣサービスは創造性不足でスタートできないか、スタートできても失敗に終わってしまうだろう。

アウトプットのレベルが同じであり、創造性とマネジメントの力のレベルが対極であることにより、お互いの足りないところを補い合いながら同じ量のアウトプットをできることで、ストレスなく、品質の高い仕事ができるようになるわけである。

このペアリングにずれがあると、管理が雑になってしまい、良い企画であってもコストがかさみ、結果的に投資利益率が下がってしまったり、逆に、事業の売上高が上がらずに投資利益率がなかなか上がらないというビジネスが大量生産されてしまう。

では、ロールマッピングで左側に位置する人は、どうしたら右側にいけるようになるのか。心配する人もいると思うので補足しておこう。左側にいる人はまだ成長余力がある人か、もしくは、そこまでアグレッシブに働いていないかどちらかであると思う。ここでは前者をさらに深掘りしたい。

成長余力があるパターンとしては、まだ社会人経験が浅いため、余力があるパターンと、仕事のアサインメントが適切でなくて余力があるパターンがある。図表17のように、成長や変化を後押しすることで、左側にいる人も右を目指していける。そのためには、チャレンジできる

図表17　育成やアサイン——マップの左から右に移動する

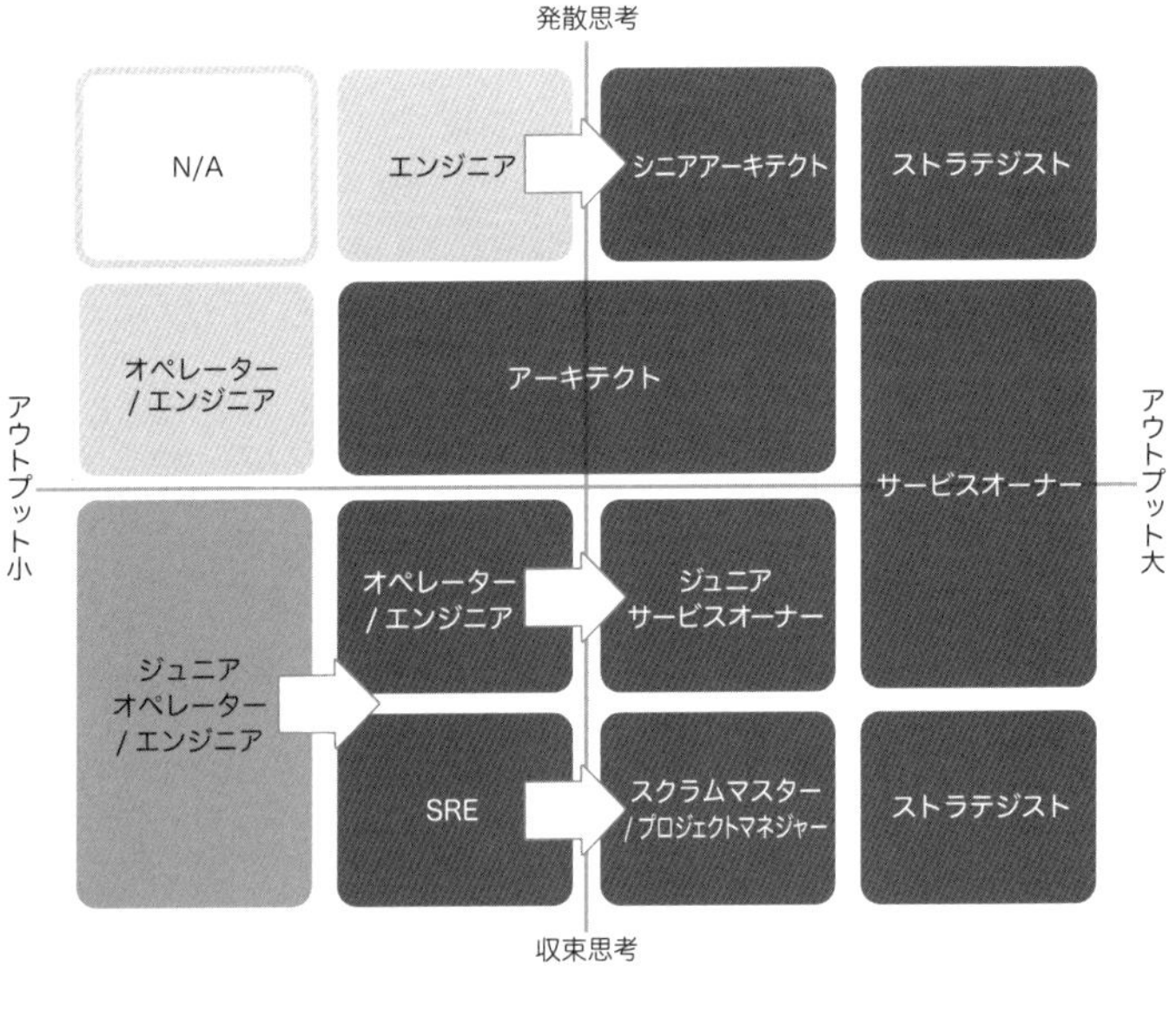

仕事をしたり、何か成長につながる体験をするチャンスが必要であり、組織のリーダーは徹底的にそこに注力する必要がある。もちろん従業員が個別に成長の機会をつくってもよいが、日本ではまだそこの理解が浅いように思う。生涯教育や副業、そして日々の仕事を通じて、仕事に対する挑戦をして、右側を目指し、より複雑で難易度が高いロールにチャレンジをしていくことで、個人、組織、そして企業の未来への道がひらけていくのだ。

人材マネジメントのサイクル

DXでは、人材マネジメントのサイクルを適切に行なうことが大事だ。特に外部からの人材を採用するにあたり、人材が卒業、つまりどのように自組織から出て行くのかということをイメージして採用を進めることは必須である（図表18）。なぜなら、その人がどのように卒業していくのかをイメージできていないということは、その人の本当の特性を理解していないということにほかならないからだ。特に重要なポジションの人材を採用する場合は、ここのイメージを固めることなくして採用はできない。

採用

採用時のポイントとして、一般的に候補者自身の課題の把握力とゴール設定力を見る。ここで実力がある程度わかるがこれだけでは不十分だ。その候補者が約束を守って実行をしたのかということをしっかり見極める。そこを確認せずに採用はすべきではない。未来的な「べき論」や「机上の空論」をうまくいえる人はそこそこ存在するし、そのようなシュガーコーティングされた話術に騙され、想定外の人材を採用してしまうことは残念ながらある。

口がうまいだけの人材は、他人の成果をとることで自分の成果としている可能性がある。

そういう候補者が入ってこないようにするために、もっとも候補者の記憶に残っていそうなことを

図表18　人材マネジメントサイクル

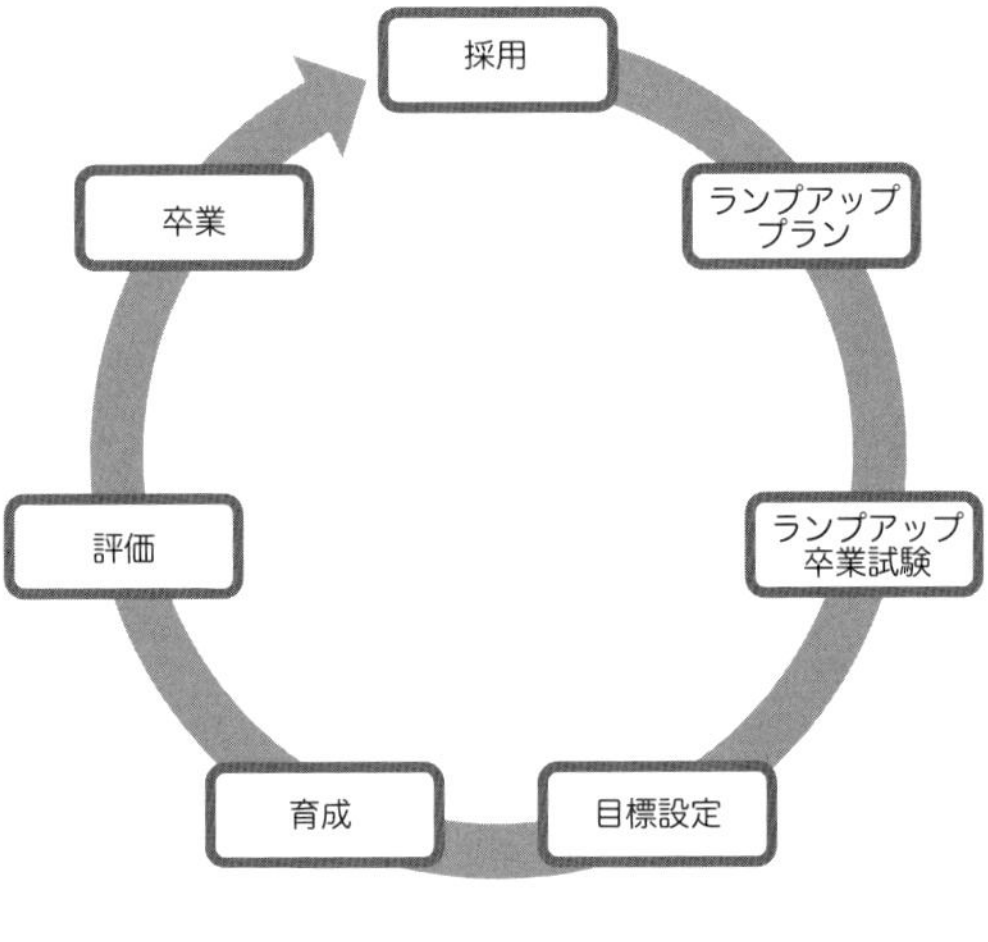

尋ねる。たとえば、苦労を乗り越えた話を聞くにしても、彼／彼女の発する具体例に対して、「なぜその問題が発生したのか」「どのように対応したのか」「そのときの気持ちはどうだったのか」「一緒に解決した仲間はどう感じていたのか」「解決のための選択は何か。なぜその選択をしたのか」「その後、その打ち手はどのように機能したのか」など、根掘り葉掘り聞いていくしかない。ＤＸ人材の中にも口がうまい人は多くいるため、採用時に注意が必要である。

採用のミスを犯してしまうと、ピープルポートフォリオマネジメントでいう左上の人物が紛れ込み、周囲に悪影響を及ぼす「腐ったみかん」になってしまうことは想像に難くない。動くのは口だけで評論家気質で好き勝手なことをいうが、自身で実行したり周囲を巻き込んで仕事を進めたりせず、仕事を中途半端にやりっぱなしにして他人に後始末を押しつける……。そんな「人罪」を採用しないようにしたいものである。

ランプアッププラン

ランプアップという言葉に馴染みがない人のために簡単に説明しよう。

第１章で解説したように外資系企業の場合、中途で入社すると必ずNew Hire

Training（新人研修）というものがある。そのベースとなる活動が、ランプアッププランである。最初の3カ月をランプアップ期間と定義し、その間に中途入社の人材が強化（＝ramp up）され、仕事上独り立ちできるようにサポートするプランである。

ジョブ型の仕事が定着しているGAFAな仕事の進め方がDXには必須となってくるため、良い人材を獲得していくには、ランプアッププランをしっかり立てる必要がある。一般的には直属の上司がプランを立てる。そして日々の業務の不明点をサポートするメンターをつけることが多い。ランプアッププランの具体的な内容を紹介しよう。3カ月の仕事のイメージを共有し、その間に達成してもらうゴールを明確に言語化することで、期待値を相手に明確に伝える。ギャップがある場合は、それを埋めることで最初の就業体験を良いものにしていく。

ここで忘れてはいけないのは、ランプアップ期間中に仕事上深く関係する1on1ミーティングをしてほしい人のリストを作成し渡すことだ。1on1を通じて、お互いを知るところから始めるというのが重要である。もちろん、1on1依頼は大歓迎という文化を事前につくっておくことが必須であるのはいうまでもない。

多くの人材を獲得していく中で、中途入社や部署異動をしたにもかかわらず実力を発揮できずに異動・退社するということはどうしても発生してしまう。そのような不幸なケースをできる限りなくすために、しっかりランプアッププランを作成し、新しいチーム内で成功体験を積んでもらう確固たるプロセスをつくる必要がある。

ランプアップ卒業試験

３カ月のランプアップが終わると、ランプアップ卒業試験という１つのマイルストーンが待っている。これは、入社してからの３カ月間で何を学び、どのような成長があったのかを振り返る機会である。軽いものであれば、ＫＰＴ法で簡単に「Keep（このまま継続すること）」「Problem（課題）」「Try（解決策）」という３つの項目を書き出し振り返るだけで問題ない。もっとじっくりというのであれば、課題をランプアップ対象者に提供し、課題解決のためのプレゼンテーションを行なってもらう。

その際に、採点対象の項目を設定し、それらに採点者複数名で点数をつける。たとえば、論理思考、表現力、ヒアリング力、一般的ＩＣＴスキルなど、課題として与えていたスキルのキャッチアップなどだ。

点数のつけ方は、

- 支援があればできる　1点
- 独りでできる　2点
- 組織内でトップ　3点
- 会社でトップレベル　4点
- 業界でトップレベル　5点

のようにスコアをつけることで、その人がどのくらいのスキルレベルをもっているのか、またどこが弱点で今後克服していくべきかというのが確認できる。会社としても従業員への期待値をクリアにでき、適切な仕事をお願いできるので、組織全体でも安定したパフォーマンスが発揮できるようになる。

目標設定

新しいサービスをつくるというゴールは設定しやすい。目標設定をする際に、すでにプロジェクトとして決まっていることをやるというのは、設定自体簡単にできる上、達成も容易であることが多い。一方で、日々、技術や組織負債の返却を行なうというマイナスをゼロにするゴールは、目標設定に入れ忘れることが多いため、意識してしっかり入れることが重要だ。ここを目標として設定していないがゆえに、どの事業もこれを本気でやり切っていないように見える。まず大事なのはここだ。あいまいになりがちなこの手の目標については具体性が何より重要である。

次に、新サービス開始の際は、「必ず」オペレーションを楽にすることを設計に入れておくこと。常にだ。極端な例をいうと、1年後にサービスの数や量が2倍になっても人員を増やさずサービスを回せるようなオペレーションを設計しておく。このような業務設計になっていないと、サービスが増えるたびにオペレーションの総量も増え、コスト増になるか、現場が疲弊して仕事が回らなくなることは目に見えている。

また、ミスコミュニケーションをなくすというゴール設定も重要である。ミスコミュニケーションが頻発するようでは、組織の生産性が下がってしまうからだ。

最後に、自分の成長への投資。つまりこれは、自分への挑戦状をもち、自分が自分に対して変化を常に与え続けるということである。チャレンジを設定するのは意外と大変だし自分との約束を守って実行するのも簡単ではない。

前述したKADOKAWA Connectedのゴール設定の例を参考にしてほしい。

育成

設定した目標を達成するためには、個々の力を高めチーム全体の底上げが必須である。

育成するにあたり気をつけることは、個々人のリスク許容度に合わせるということだ。

まずは、各自に合った少しだけ難しいゴールの定義をする。ここを正確に行なうことで、各自が必要なストレスを感じながら、前進できるようになる。

リスクを積極的にとりたい人には、場所をドンドン与える。リスクをとりたくない人には仕組みで支える仕事を提供し、その本人が少しずつであっても自分自身の仕事のやり方を改善していくことを期待する。

各々の従業員のリスク許容度を忘れずに、担当ロールの業務内容を目標としてゴール設定できれば、従業員は各々のペースで成長してくれる。

また、不確実性の高い昨今の状況を忘れてはいけない。今の給与も重要だけれど、将来活躍し続けられる仕事をやり続けられるかどうかが重要になっているように見える。よって、給与を上げることも大切だが、本人が成長できる機会を提供できるように徹底的に考えて準備する必要がある。

たとえば中堅社員向けに教育費用を年間30万円くらい確保をするのは当たり前であり、ボーナスを除く給与と教育費用は、社員への期待値であり投資であるということを明言し、育成を進めるのがよいと考えている。

評価

給与は将来への期待値で従業員に投資する金額、賞与は過去の成果について報いる金額、この原則をまずは徹底する。

その際に、ロールアサインリストをベースに、それぞれの従業員が役割をやり切っているか確認する。

たとえばいったん部長レベルまで評価を行なった後に、ロールベースでのキャリブレーション（評価の調整）を給与と賞与の昇順に並べて相対評価を行なう。このやり方の良いところは事実上の３６０度評価になり、公平性が増すところだ。

一方で、評価を下げることより上げることのほうが容易になるため、評価のインフレが発生しやすい。それを緩和するために、給与や賞与の増加のハードルを設けた上で、キャリブレーションを行なう。

可能であれば、ハイリスク・ハイリターン人材に対しては、しっかりリスクをどこまでとるか確認し、給与の昇給率を決めていくとよい。

一方で、ローリスク・ローリターンの社員に対しても、約束をしたゴールをしっかり達成していた場合はボーナスを規定の真ん中で提供する。一方で、成長がない場合は昇給率は０％とする。何をできるようになると昇給していけるのかということを双方で理解し合うことが重要である。

卒業

卒業とは、従業員がその組織を出て行くことである。たとえば、定年退職もその１つ。転職をすることもそれであり、部署異動のようなものも卒業の形である。その人が、何をモチベーションに仕事をしているのかによって、卒業する形やタイミングが異なるのはみなさんも想像できると思う。

会社や組織の成長スピードと、自分自身の成長スピードが合わなくなってきた場合には辞めてしまう人、仕事の中身を重視する人、給与にこだわる人、人間関係を重視する人、終身雇用志向の人等々、個々人によって卒業を判断する際に重視するポイントは異なる。

それを理解した上で、各々の未来を共有できるようになると、上司と部下の間にはより深い信頼関係が構築されている状態になると思う。

卒業までイメージできるようにすることが、人材マネジメントの基本といっても過言ではない。

ここまでで、ＤＸを進める上で必要な枠組みの全体感はわかってきたと思う。

では、ＤＸを進めるＨＯＷの部分、特にＤＸという改革に抵抗する人とどのようにつき合っていくのか、そしてその際に注意するポイントは何なのか、より具体的に考えていこう。

第5章

改革に抵抗する人々とどうつき合うのか

時代だな…

うちも とうとう…

A君 入りたまえ…

はっ…

我が社もデジタル トランスフォーメーション するときが 来たんじゃないか
はっ…

し、しかし うちは紙中心の アナログな会社で…

しかも！ 社歴が長いベテラン社員が 今さら自分のやり方を変えるとは 思えませんっ！

それを実行するのが 君だよ A君…

え～～～！

というわけで 我が社にＤＸ推進本部が できた

DX道
GOAL
攻
行動のすべてを
数値化する
10%up♪
今期も
がんばります♪
何を!?
具体的に!
何%?!
ガー
あー忙しい
忙しい
やることやらないこと
を決める
Do!
Don't
デジタルッ?!
マネジメント層の
DX化
デジタル化による
コストダウン
え?
聞いてない
情報の非階層化
情
情報・決裁の
スピードアップ
情
決
上司
今やって
ください!!

DXを進めるのは難儀

ＤＸを進めようとしている方は、本当に苦労していると思う。デジタルビジネスを立ち上げるだけでも簡単ではないのだが、ＤＸならではの苦労がある。

- 単純に、デジタル事業への投資をしてくれない
- 過去の例を踏まえて、リスクがあるから止めようという話になる
- 人材の補充をせずに、今いる人材でやれることをやろうとする
- 良い人材を発掘・採用しても、その人に見合った給与制度になっていない
- せっかく軌道に乗り始めたＤＸの勢いが、既存の仕組みにつぶされてしまう
- ＤＸをする＝リストラというイメージから、単純に反対される
- 社内の人材育成制度が弱く、人材の底上げができない
- ＤＸを開始したが、リードしているチームがメンタル的にキツくなって中断

このような課題を解決するためには、王道をしっかり進み、必要なことを必要なタイミングで行なう以外ない。そこを外してしまうからDXが中途半端に終わってしまうのだ。

「デジタルビジネスを立ち上げた」で終わってしまうのがその典型的な例だ。たとえば、デジタルビジネスでサービスを立ち上げ、その1つは成功したとしよう。だが、それを横展開して自社のコアビジネスにすることができていない。もしできたとしても、単に時流に乗っただけで、自社がそのマーケットをリードするというところまでは到達していない。そうなると、いずれGAFAのような企業にマーケットをとられてしまうため、本当の意味でのDXをできたとはいえないのだ。

しかし、すべての物事にはステップがありそれが重要であることから、仮に1ステップ進んだだけでも大きな一歩である。

前に進んだのなら、それを本物に変えていくために、本章で説明する内容だけは押さえておいてほしいと切に願う。

まずは社内の仲間を探せ、抵抗勢力は後からついてくる

ＤＸを進める際に抵抗勢力に邪魔されることがよくある。これは避けられないものであり、逃げてはいけない。必ずあると覚悟を決めておく必要がある。一方で、ただ闇雲に頑張るというのは生産的でないし、ゴールの見えない道はシンドイ。そこで、１つの基準をもち、進むのがよいと私は考える。

図表19のように、仕組みをつくれる／苦手、変化に強い／苦手のマトリックスにすると、ＤＸの際にどのような人材に力を注いで進めればよいのか一目瞭然である。

①のＤＸの柱となる人材を社内で発掘し、彼らをＤＸの柱として据える。

次にそれを取り巻く②の人材を認知し、彼らに①の施策を一緒になってやってもらう。同時に、③の人材が顕在化してくるため、彼らが腹落ちをする仕組みを徹底的につくる。ここで、引けない一線はつくりつつも、③の人材が「なぜ腹落ちしていないのか」「どこでひっかかっているのか」をよく観察し、合理的な理由が見つ

かったらその対応策をしっかりつくり込む。時間はかかるが、いずれ答えは出るだろう。最後に④の人材だが、これはもう放っておくのが得策だ。もっとも行なってはいけないのが、この人材も一緒に巻き込もうとして疲弊してしまうことである。①、②、③の人材の巻き込みが終わった後に、遅れながらついてくるので、気にしないことである。

ではここで、それぞれのタイプの人間を仲間にする方法を考えよう。

①の人材は、やる気はあるが、年功序列やその他の古い社風につぶされそうになっていることが多いと思う。社内で勉強会を開催したり、新しい取り組みを募集したり、サークル活動や読書会を開催したりするなど、とにかく何でもいい。インフォーマルな関係から①のような人材が一定量出てくる。彼らは「自分はこう考えている のだけれど、それがなかなかうまく進まない」など、自

図表19　仕組み・変化のマトリックス

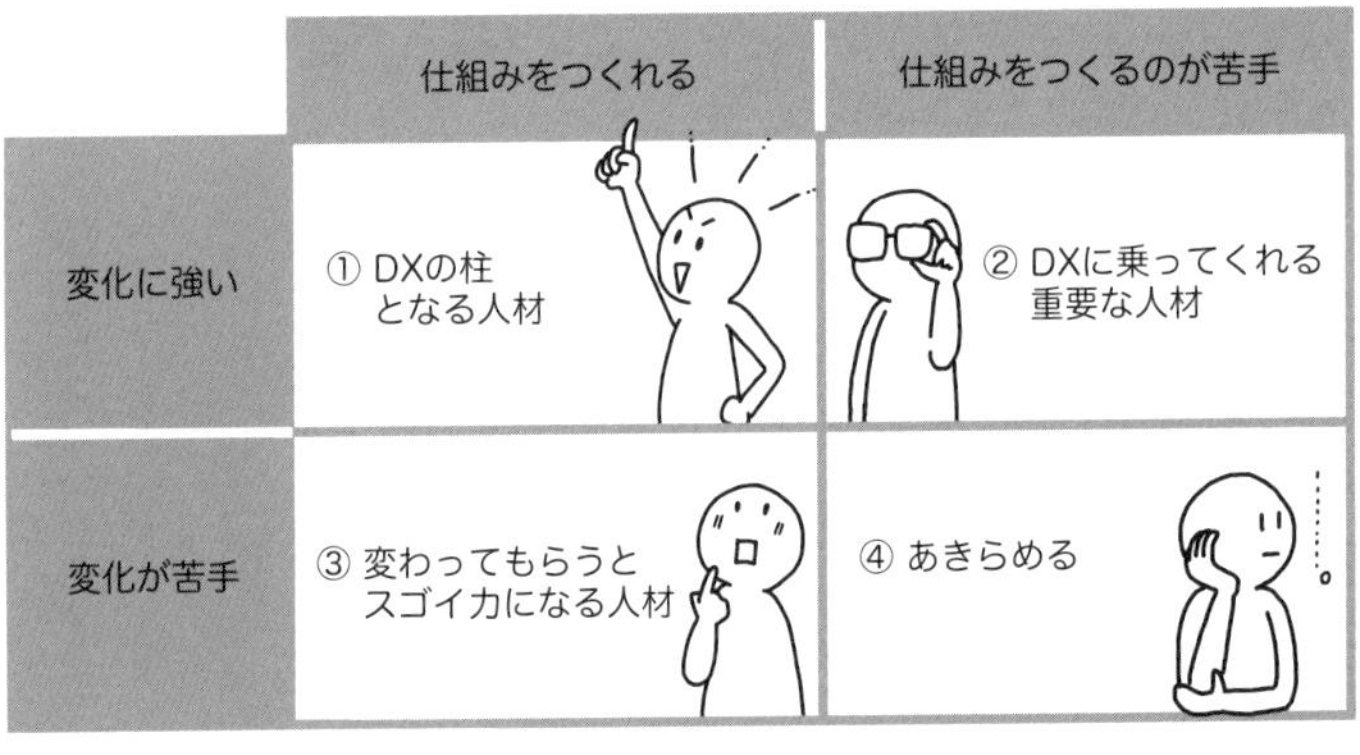

	仕組みをつくれる	仕組みをつくるのが苦手
変化に強い	① DXの柱となる人材	② DXに乗ってくれる重要な人材
変化が苦手	③ 変わってもらうとスゴイ力になる人材	④ あきらめる

分自身のポリシーをしっかりもっていることが多い。

同様の活動を通して、②の人材も現れてくる。「Aさんのその内容いいですね、興味があります！　一緒にやりましょう！」のようにどちらかというと自分の意見よりも他人の意見に流されることがあるが、DXのように、変わることを得意とする試みにおいては、重要な役回りだ。彼ら／彼女ら自身が変化をいとわないため、DXを点から線に、線から面にするときには強い味方になってくれる。ドラマや映画であれば、彼ら／彼女らはサブキャラであるが、彼ら／彼女らがいないと話が展開しない。DXを進める上で、とても重要な存在である。

③の人材については、彼らが以前つくった、あるいは守ってきた仕組みをまずしっかり勉強し、理解することが重要になる。決して頭ごなしに否定してはいけない。少なくともそれを開始した当初はベストなやり方であった可能性が高い。しっかり守ってきたがゆえに、愛着のようなものが芽生えている場合もあり、頭では変化したほうがいいとわかっているのに体がついてこないということが多々ある。しかし、こういう人材に対しては、真摯に向き合うことで、時間や何かのきっかけがあれば必ず良い方向に進む。ただし、③の人材自身が「自分の最大のライバルは過去の自分」ということに気づくかどうかにかかっている。

ギバーの力を最大化する

ＤＸ成功のために、抵抗勢力を仲間にすることが重要であるのは前述の通りだ。そしてそれを実現するには、ギバー（Giver：人に惜しみなく与える人）とマッチャー（Matcher：損得のバランスを考える人）に対するマネジメントを適切に行なうことが必須条件となる。第3章で解説したように、デジタルビジネスをすることイコールＤＸではなく、爆速での経営を可能にするために企業の再設計を実行するのがＤＸである。しかし、それには受け皿をつくる必要がある。その受け皿をつくるには、実行力の塊のギバーの力を借り、彼らの力を最大化するマッチャーの存在が必要である。なぜならば、マッチャーはギバーの気持ちがわかり、搾取しようとするテイカー（Taker：真っ先に自分の利益を優先させる人）からギバーを守り、ギバーの実行力を最大化できるためである。

では、彼らの力を社内に取り入れる方法を考えてみる。

まず、ギバーは心理的安全性を必要とし、すごいリーダーに貢献したいと考えている。そして他人に貢献することを是とし、特にアーキテクトレベルのエンジニアは先を見据えることを常に考えている。つまり、会社の未来の構造を変えるレベルのDXには、彼らの先見の明、改革する構造の再設計、プログラミングする力、オペレーションを最適化する力を借りる必要がある。

では、各日本企業では、そのようなことを「意識して」行なっているだろうか。IT部門をバカにしていたり、オペレーションをバカにしていたりしないだろうか？　さらに、そのような人材を「コストセンター」と一刀両断にしていないだろうか？

私が所属していた外資系ICT企業では、営業・マーケティングチームはそもそもコストセンターであった。売る＝利益を稼いでいるという幻想は捨てるべきであるが、変わらず日本企業では営業が幅を利かせているように見える。こんな文化の中で、ギバーは自分たちの力を最大に発揮できない。「声が大きいだけの」テイカーを嫌い、本気で仕事をしなくなるか、テイカーがいない場所に移ってしまう。場合によっては転職するということになるであろう。

そう、ギバーの力を最大化できるマネジメントスタイルをとり、それをできるマッチャーを準備する、具体的には採用・育成をするのが、DXを加速させるためのドライバーとなる。

ギバーとマッチャーはどこにいるのか

では、ギバーはどこにいるのか？ そしてマッチャーはどこにいるのか？ ピープルポートフォリオマネジメントの下側にいる人がギバーであり、上と下を行き来できる人がマッチャーである（図表20）。

ギバーは、理系といわれる人材に多い。ずばりエンジニアリングが得意な人材である。優れたマッチャーは、理系分野に知見を深め、さまざまな経験をしながらエンジニア魂をもっている人材である。ギバーはＩＣＴ業界にある程度存在し、大学・大学院問わず新卒にはたくさん存在している。

一方で、「優れたマッチャー」はなかなかいない。外資系ＩＣＴ企業のアーキテクトレベルの人材や、エンジニアでありつつＭＢＡを取得するような人材はＤＸに必要な優れたマッチャーになれる可能性が高い。外資系ＩＴ企業のアーキテクトレベルの人材はそもそも数が少ないため、なかなか確保するのが難しいが、エンジニ

図表20　ギバーとマッチャーはどこにいるか

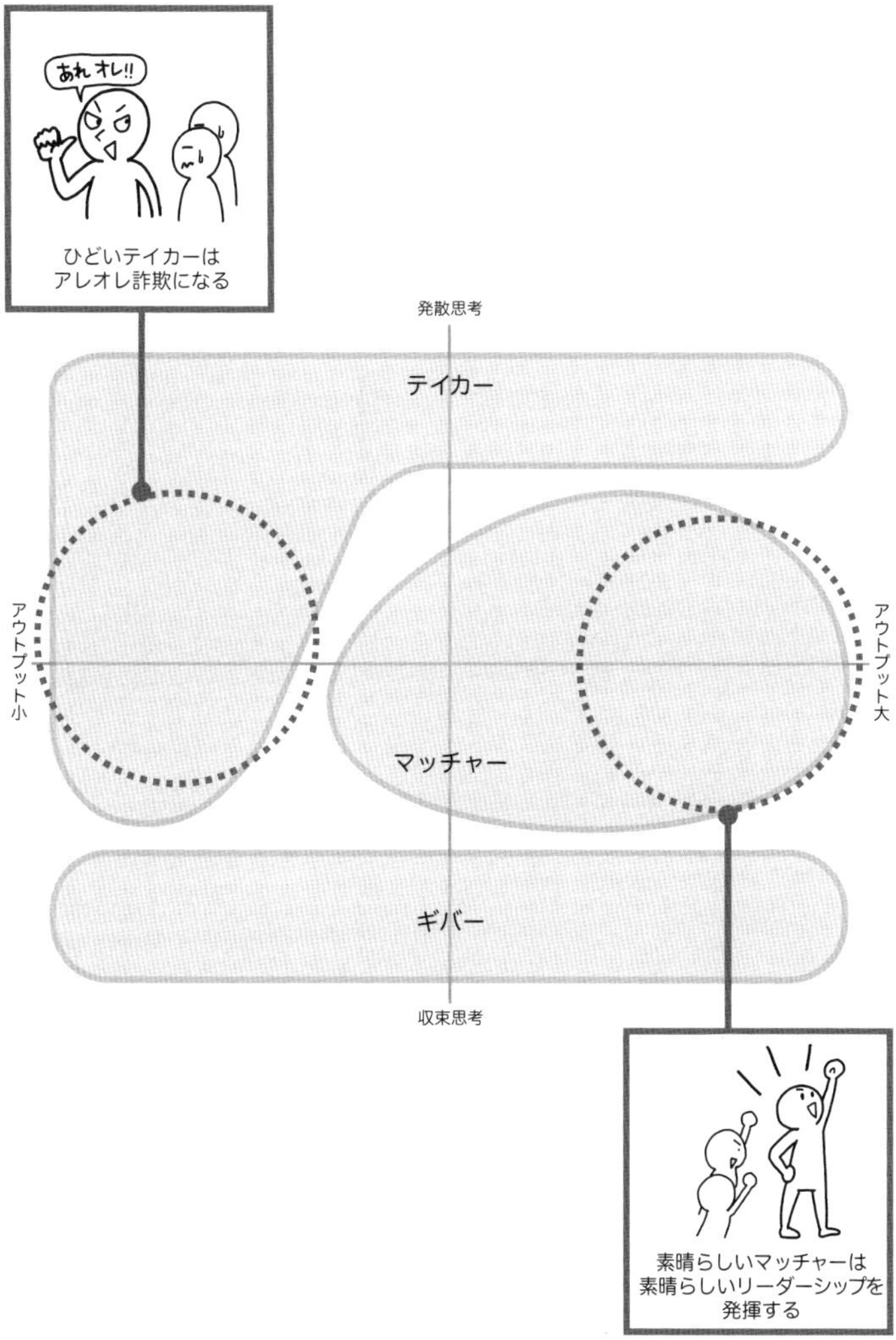

アがＭＯＴというよりはＭＢＡの取得を通じてビジネスのスキルを高めると、かなりレベルの高いマッチャーになれる。こういう人材を確保し、育成を継続することで、ＤＸを推進できるチームが出来上がり、抵抗勢力といわれるタイプの人を巻き込み、知らぬ間にＤＸを前進させているということになる。

ダイレクトに影響を与えることと枠組みづくりを分けて考える

ＤＸは改革であるため、人に動いてもらうことが欠かせない。しかしながら、「改革だから動け」と叫んだだけでは、人は動かない。動いてほしい人に対して、アプローチをさまざまに工夫して、働きかける必要があるが、これができているリーダーは少ない。特に、ダイレクトに影響を与えて動かす方法と、枠組みをつくって行なう方法を意識できていないため、変革という大きな流れをつくれないことが多いように思う。そこについて少し深掘りしてみたい。

ダイレクトに影響を与える

ダイレクトに人に影響を与えるにはどうしたらよいか。まず、直属の部下や、密に仕事をする人々と、日々少しずつでも会話をすること。そして毎日の仕事を通じて一体感をつくること。少しの会話とは、1on1のミーティングでも立ち話でもいい。日例会議や週例会議も重要な機会の1つだ。刺激を与えることで、彼らの行動を後押しする。これに加えて、四半期レビューやKPTを行なうことで、チーム内の信頼貯金づくりを行ない、チームを束ねる。

マイルストーンを共有し、振り返りをし、目標への道を同期させ、チームのメンバーを励まし続けることで、各々が自走しながら信頼貯金が貯まる。その信頼貯金は、心身が疲れた際のエネルギーになる可能性が高い。自走し、止まりそうになったときに信頼貯金があれば、チームが止まらずに前進できる。このような影響がダイレクトに伝わると、現場からDXを推進することができる。現時点での日本社会に目を向けると新型コロナウイルスの影響により、この「ダイレクトに影響を与える」方法をとることが難しくなり、各チームの信頼貯金が減りつつあるだろう。

枠組みをつくる

枠組みづくりはアーキテクチャ（構造）を変えることなので、そこそこの権限が必要である。変えなければいけないものは3つある。

まず、**ビジネスアーキテクチャ。各事業体が、戦略を着実に実行し、新たな姿に生まれ変わるための計画策定の手順やアイデアをまとめた変革方法論のことをいう。そして、組織アーキテクチャ。組織のあり方そのものを再設計する必要がある。最後に、ＩＣＴアーキテクチャ。日々変わりゆく情報通信技術を、自社の戦略に合わせて設計し直さなければならない。**

ビジネスアーキテクチャをつくってから、組織アーキテクチャをつくり、ＩＣＴアーキテクチャをつくるケースが主であろう。しかし、ＩＣＴアーキテクチャに組織アーキテクチャを合わせて、ビジネスアーキテクチャをつくるケースもある。

たとえば、コモディティ化が進んでいるＥＣサービスについて考えてみよう。ＥＣサイトを開始するにあたり、ビジネスアーキテクチャである自社の提供するサービスモデルをつくった後に、それに合った組織やＥＣサイトをつくる。もしビジネスアーキテクチャが突出したものである場合、それがビジネスで成功するポイントになる。

一方で、突出したビジネスアーキテクチャがない場合、優れたＩＣＴアーキテクチャをもつＥＣサイトを目指す。それを実現させるＳａａＳを選択することがビジネスで成功するポイントとなる。たとえば、ビッグデータとＡＩを使った利用者のアクセス分析の仕組みや、オススメ・レコメンドをしてくれる機能が標準で実装されているなど、ＥＣで売りたい製品とユーザー像をマッチングできる仕組みがあるような場合である。

コモディティ化が進んだ領域では、ＩＣＴアーキテクチャからビジネスを考えることも重要であるという１つの例である。

この３つのアーキテクチャを意識した上で、ＤＸのアプローチを行なうことが必須だと考えている。

ダイレクトな力と枠組みを使い分ける

ダイレクトな力と枠組みを使い分けることが重要であるのはいうまでもないが、

経営者、部長、課長の方は、自分自身の役割を意識して、図表21のような点を考えながらＤＸを進められるとよいと思う。

　経営者は方針を決めて、枠組みをつくる。部長はその枠組みが機能するように自分のチームに実行する仕掛けをつくる。課長は現場の社員の凸凹を吸収し、ダイレクトに影響を与え、チーム内に浸透させていくような視野をもって進めることが大切である。その役割を表にまとめる。

　この役割分担をしっかり行ない実行をしないとＤＸが止まってしまうという事例がよくあるように思う。たとえば、そもそも経営者がＤＸ導入を決めてくれない、部長が「上がいったからお前たちＤＸやれ」と課長にスルーパスをする、課長が現場に浸透させる力が

図表21　経営者、部長、課長が考えるべきポイント

	経営者	部長	課長
経営理念・経営戦略	中身を決める	内容を理解し課長と深く共有する	現場に浸透させる
サービス型チーム	やることを決める枠組みをつくる	サービスチームをつくる	現場に浸透させる
コミュニケーション改革	やることを決める枠組みをつくる	実行できているか確認する枠組みをつくる	現場に浸透させる
実力型人材マネジメント	やることを決める枠組みをつくる	ロールアサインリストを作成する	現場に浸透させる
RoBを明確にする	やることを決める枠組みをつくる	会議体とコミュニケーションを設計する	現場に浸透させる

なくて進まない……など、何かが欠ける事例が多いのだ。自分自身の役割を意識してＤＸを進めるのが重要である。

第6章

DX人材のなり方・育て方

DXは変わりたいという人にチャンスを与える

DXはだれにでもチャンスを与えてくれるものである。チャンスは本人次第ということは、私が立ち上げたKADOKAWA Connectedでも実証されている。50歳後半であっても、20歳中盤の新卒であっても、深い技術をもったエンジニアでも、BPRが得意なコンサルタントでも、プロジェクトマネジャーでもだれでも、チャンスを得ることができる。

だれでもICT技術を使った改革は可能だからだ。仕組みをつくる人、つくられた仕組みを徹底的に使いこなす人、どちらの立場であってもDXは、自分にとってプラスになることは間違いない。

では、どのような人になるとDXをテコに自分自身の仕事を楽しく、やり切ることができるのだろうか。

ＧＡＦＡで評価される人材とは

米国にブロックバスターというレンタルチェーンがあったのを覚えている方も多いのではないだろうか。日本のＴＳＵＴＡＹＡがモデルにした店で、２００４年のピーク時は９０００店舗以上を展開していた。しかし、インターネットを通じた動画配信が主流となり、ＤＶＤレンタルの需要が急激に縮小したため、実店舗は閉鎖に追い込まれた。顧客ニーズの変化に対応できず、オンラインでの注文などの事業モデルへの適応が遅れたことが原因だが、最終的に株価が下がり、破産した。

このように、米国企業の基本的なスタンスとして、企業の隆盛はスクラップ＆ビルドであるため、過去の技術や組織負債をもちにくい。リストラをして、特別損失を出して、株価が下がり株主が責任をとるという構図になっている。ブロックバスターが、既存のビジネスを続けながら変革の道に舵を切っていたら、どれだけ大変だっただろうか。ましてや短期間での実店舗でのビジネスの成功体験がある以上、人はなかなか新しいことをしたがらないだろう。できなかったからこそ破綻し、新たな仕組みをつくりながら走っていたネットフリックスをはじめとする動画ストリーミングサービスにやられてしまったのだ。

ＧＡＦＡは自身のマーケットを広げ続けているため、新規マーケットを開拓できる突出した人材を必要としている。しかし、成長企業であるＧＡＦＡは転職市場では魅力的にうつるため、突出した人材を獲得できる可能性が高い。突出した人材が入社してきて、常に社内に競争原理が働くため、平凡なままではそこに居続けるのは容易ではない。

ＧＡＦＡの基本的なビジネスモデルは、まず既存のマーケットに進出するところから始まる。それも、圧倒的な規模やプラットフォームを駆使して、事業の領域だけでなく地理的に地域だけでなく国をも越えビジネスを広げている。

これらの企業で必要とされる人材は、アマゾンのＯＬＰ（Our Leadership Principles）にあるように、実力がもともとある人が、さらに努力して「成長する」という高いハードルが設定されている状況を乗り越えられる人材である。平凡人が活躍することは難しく、仕事ができる人材でもそこに居続けるには相応の努力が必要であるということだ。

企業自身が、マーケットを広げるという成長をしているため、それと同じスピードで成長できる人材、つまり、ハイリスク・ハイリターンを望む人材のみ必要ということがGAFAの特徴であると私は在籍時に強く感じていたし、今でもそのように感じている。

では、成長だけではなく成熟しながらDXする必要性に迫られている日本社会はどうか。「成長する」一辺倒ではない人材は、どうしたら良いのか。

日本企業を想定し、ハイリスク・ハイリターン以外を好む人材がどのように活躍していけるのか考えてみよう。

日本企業のDXで評価される人材とは

日本企業の基本的なスタンスは、スクラップ&ビルドではなく、既存の枠組みをうまく使ってビジネスを回しているため、過去の技術や組織負債をもちやすくなる。

ドワンゴの改革を例にあげると、できた過去の仕組みの負債は、インフラ改革を行なった従業員が、過去の仕組みや技術負債を必死になくすことで、いったん厳しい状況から抜け出すことができた。

リストラも内部でソフトに行ない、株価が下がりにくいような形で進めることが多い。日本航空のようにうまくいかずに、資産に見えていたものが実は負債だったということが判明し、債務超過になって破綻し、その責任が株主にいくこともあるが、多くの場合はそうはならず、解決させるために従業員が必死に働く。

つまり、日本型の経営スタイルは、そもそも株主へのリターンも低いが、継続的にリストラの費用を計上しないため、株価が下がるリスクを株主に直接もってもらうこともしていない。その結果、すべての技術・組織負債が資産として残り、地道に改善する役割を担う従業員の給与は上がらないという形で従業員へのインパクトがある。一方で、そのメカニズムが終身雇用型の雇用形態を維持している。

しかし、コロナ禍や、ビジネスのグローバル化、少子高齢化、ICTの浸透などを通して、終身雇用が難しくなってきた。日本企業もハイリスク・ハイリターン型の雇用形態をつくり、ローリスク・ローリターン型の雇用と同居する人事制度をつくらざるを得ないだろう。

将来への不確実性が高くなり、株主に責任をもってもらう形でリストラを行なうことができると、従業員は技術・組織負債を押しつけられないですむ。その結果、技術負債への対応から免れた人材は、よりハイリスク・ハイリターンの仕事にチャレンジすることができる。一方で、安定した仕事は一定量は残る。いきなりすべての人材がハイリスク・ハイリターンを選ぶというのは現実的ではないので、安定志向の人はローリスク・ローリターンの仕事に就くことになる。そういった形で、ハイリターンを望む「就職型」人材と、ローリターンを望む「就社型」人材が当面混ざることになると思う。

では、読者のみなさんが今後どのような人材としてどう活躍し、変わっていけばよいのかを考えてみよう。

チャレンジ・約束・スピード

仕事の基本の「き」はQCD（Quality, Cost, Delivery）、つまり、品質、費用、スピードを考えることだ。Q、C、Dのどこに重きをおくかを決め、周囲の期待通り、いやそれ以上に実現できるかということである。第3章で解説したように、DXを進める上で重要なのは、高速回転運動係数である。それを実現するためのメカニズムが重要である。

そのメカニズムは非常にシンプルで、図表22のように、「高速回転運動係数＝(既存のビジネスの品質＋既存のビジネススピード)×チャレンジ係数×チャレンジへの投資÷既存の費用」と表現できる。

- **既存のビジネスの品質＋既存のビジネススピード**：既存ビジネスのアウトプット
- **チャレンジ係数**：スピードアップや品質向上への挑戦のリスク
- **チャレンジへの投資**：高速回転運動係数を高めるために投資する金額
- **既存の費用**：既存の仕組みを運用する金額

つまり、既存ビジネスに対してリスクをとった打ち手を行ない、「既存の費用」を、「チャレンジの投資」に回して、高速回転運動係数を高めることを意味する。

さて、この高速回転運動係数をどのように上げられるのか、個人にフォーカスをして考えてみよう。

多くの日本人は、「チャレンジ係数」を上げられない上に、「チャレンジの投資」を引き上げずにＤＸを行なおうとしている。結果的に、高速回転運動係数を高めることができないため、ＤＸの流れに追従できなくなってしまっている。

守りのＤＸ、働き方改革を例に考えてみる。

タブレットを使って業務プロセスを改善すると、情報共有や文書の配布、日報の可視化などがスムーズにいくようになり、高速回転運動係数が高まりそうなのがおわかりになるであろう。

既存のビジネスの品質＋スピードに〈１０００〉というアウトプットがあるとして、この改善を行なう場合、チャレンジ係数をたとえば〈１・０〉、投資金額は抑えめであるため、チャレンジへの投資／既存の費用は〈０・３〉となる。よって、高速回転運動係数は、〈３００〉になる。

もし、一歩踏み込んで、すべての業務をリモートワークのような形にし、オフィス費用を従業員への人材育成やリモートワークへの投資に回すという決断をした場合は、アグレッシブな決断であるため、チャレンジ係数は〈３・０〉、投資額は増加するため、チャレンジへの投資／既存の費用は〈０・５〉となるとしよ

図表22　高速回転運動係数

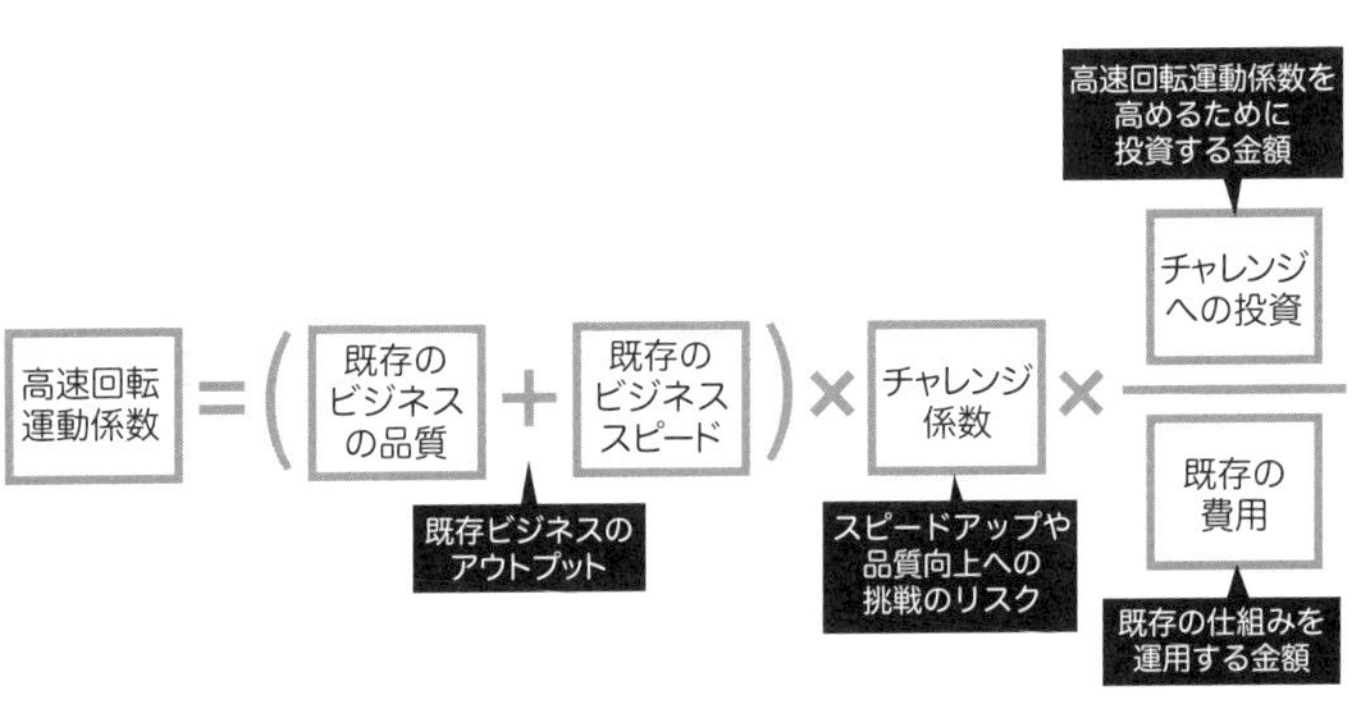

う。その場合、高速回転運動係数は〈1500〉になる。つまり期待値は最初のケースと比べて5倍になる。ここまで決断をすれば、これくらいの期待値になってほしいものである。

ここで重要なことは、チャレンジ係数が高くなることによって、リターンを得る確率の幅があるということである。つまり、失敗することもある。前述の例だと、期待値が5倍になる可能性が高いが、失敗をすると、1倍を切る可能性はゼロではない。しかしながら、リスクをとり、そのリスクのマネジメントをうまく行ない、そのチャレンジを成功させれば、高速回転運動係数が高まりDXの本質を示す数式(図表7参照)であるy＝ax＋bのyであるビジネスの成果は必ず高まる。

チャレンジ係数が低かったり、場合によってはチャレンジ係数がゼロの場合は、いくら投資をしても高速回転運動係数は高まらない。これは、組織にもいえることであり、人についてもいえることである。

このように、人が高速回転運動係数を高めた上で、サービスとして約束をした内容を提供し、各々のロールをまっとうする。そして、それらの仕事を外部の類似サービスと比較をして、コスパが良いか、スピードは十分か、継続的にチェックをし、提供するサービスを利用者が使う際にコミュニケーションを楽にすることは当たり前のことである。

このようなことを行ない、日々変化をし続けることによって、各々の人やチームや提供するサービスが陳腐化することを防ぐ。これをやるだけで、DXは成功するといっても過言ではない。ただし、前述したハイリスク・ハイリターン型とローリスク・ローリターン型の人材では、チャレンジ係数が異なる。それでは、その違いについて、少し深掘りしてみよう。

ハンター型とファーマー型——人材の持ち味で分類

ハンター（狩人）とファーマー（農耕民）という言葉を聞いたことはないだろうか。チャレンジ係数を語るには、このポイントを外せない。ハンター型の人材は、新しい案件をとってきたり前例のない新事業や計画に取り組むときにモチベーションが高まるし、ファーマー型の人材は、既存の仕事を維持するための活動や、着実に技能や知識が蓄積して体系化するような仕事にモチベーションが高まる。ハンターは新しい仕事は得意だが、地味で地道な仕事は苦手で、ファーマーは手順が明確な仕事は得意だが、大きな変化への対応は苦手な傾向が見られる。

またさらに、この中でも、売上げ（トップライン）を目標にするのか、ＲＯＩ（投資利益率）の向上を目標にするのかで志向が異なってくる。

継続的にリターンを得るためには、ハイリスクに挑むことが重要である。時には打ちひしがれ、自信喪失し、二度とハイリスクの領域に踏み込むまいと思うこともあるだろう。しかし、ローリスクの場所に居続けては何も気づかないし、変化できない人材になってしまう。よく「コンフォートゾーンに居続ける」といわれるがそれである。

しかし、リスクに対する感覚は個人差が大きいことなので、ハイリスクをとる回数や深さは異なっても問題はない。リスクのとり方１つにしても、それぞれの得意な領域でとればかまわない。売上げを上げることに長けている人は、そこでハイリスクに挑戦する。ＲＯＩをよくすることに長けている人はそこでリスクをとればいい。

売上げとＲＯＩのどちらがハイリスクかを考えると、状況に応じて異なるものの、売上重視を目指すほうがリスクが高いケースが多いと思う。それらをロールモデルのように簡単にまとめると以下のようになる。例として筆者がVMwareで仕事をしていたときのロールを加えておく。なお、売上げについてはトップラインと表現しておく。

ハイリスク・ハイリターン型人材にオススメ

〈トップライン×ハンター〉

●新しいビジネスをクリエイティブにつくる
●発散思考で、さまざまな道をつくっていける
●経験を積んで、シナリオをたくさんつくる
●みんなが気づかないオリジナルのゴールと道を定義する

例　1億円のPCの仮想化製品案件をいきなりとってくるような営業の仕事

〈ROI×ハンター〉

●新規でも既存ビジネスでも、もっとも合理的に仕事をする方法を発見できる
●おまとめ思考で、アーキテクチャづくりに強い
●経験を積んで、アーキテクチャの範囲をビジネス、組織、ICTのように広げら

れる

●定義された道を最高のレベルに仕上げる

例　パートナー企業と新しいアライアンスを立ち上げ、2年で売上げを10億にするエンジニアの仕事

ローリスク・ローリターン型人材にオススメ

〈トップライン×ファーマー〉

●ハンターが開拓をしたビジネスを定常的に回せる

●発散力やコミット力は最強ではないが、感情と論理のバランスが良い

●経験を積んで、時代の変化についていける人材である

●道でいうと、すでにある道をしっかり舗装し、歩きやすくする

例　出来上がったビジネスを卸ベンダーと連携をして、大量の案件をこなせる仕組みをつくる営業やマーケティングの仕事

〈ROI×ファーマー〉

●他の人材がつくった仕組みをしっかり実行できる人材

●道があれば、しっかりその道を歩ける
●経験を積んで、しっかり道を歩いていく

例 トラブルシューティングに対応するサポートやパートナーへ情報提供をする仕事

筆者自身は、ＲＯＩ×ハンターが自分の持ち味であり、そこを軸に生きてきたと思う。トップライン×ハンターも時にはできるが、持ち味はやはりＲＯＩのほうだ。トップライン×ファーマーはやりたくないと感じる。ＲＯＩ×ファーマーは意外と好きかもしれない。

きっと筆者は、効率化の仕組みをつくる（ＲＯＩ×ハンター）のが好きで、それを実行する（ＲＯＩ×ファーマー）のも好きだから、キャリアを通じて、そのような仕事を楽しんでできているのだと思う。

全員で成し遂げるDX

前述のように、リスクをとる人とそうでない人がいる。ということはそのリスクをとった後に実行（実務）をする人がいることこそ大切なのは、みなさんも想像がつくのではないだろうか。10億円のビジネスを営業がとってきたら、それを提供する体制をつくり、提供後にアフターフォローも必要だろう。効率的に回る仕組みもつくっておかないといけない。

ＤＸも同じだ。新しいデジタルビジネスプランを立てたら、既存のビジネスとのカニバリゼーションを最小限にしたビジネスモデルをつくる。そしてそれが将来の資産になるような仕組みにする。提供が終わったらサブスクリプションとして成り立つようにオペレーションをつくる。自社内の他のビジネスとのシナジーを出して、さらに強固なビジネスにする（図表23）。

このようなチームを組むことで全員がＤＸを実行できる。つまり、どの人材が欠けてもＤＸは実現できないということである。一般的には、トップライン×ハンタ

図表23　デジタルビジネスプランの役割分担

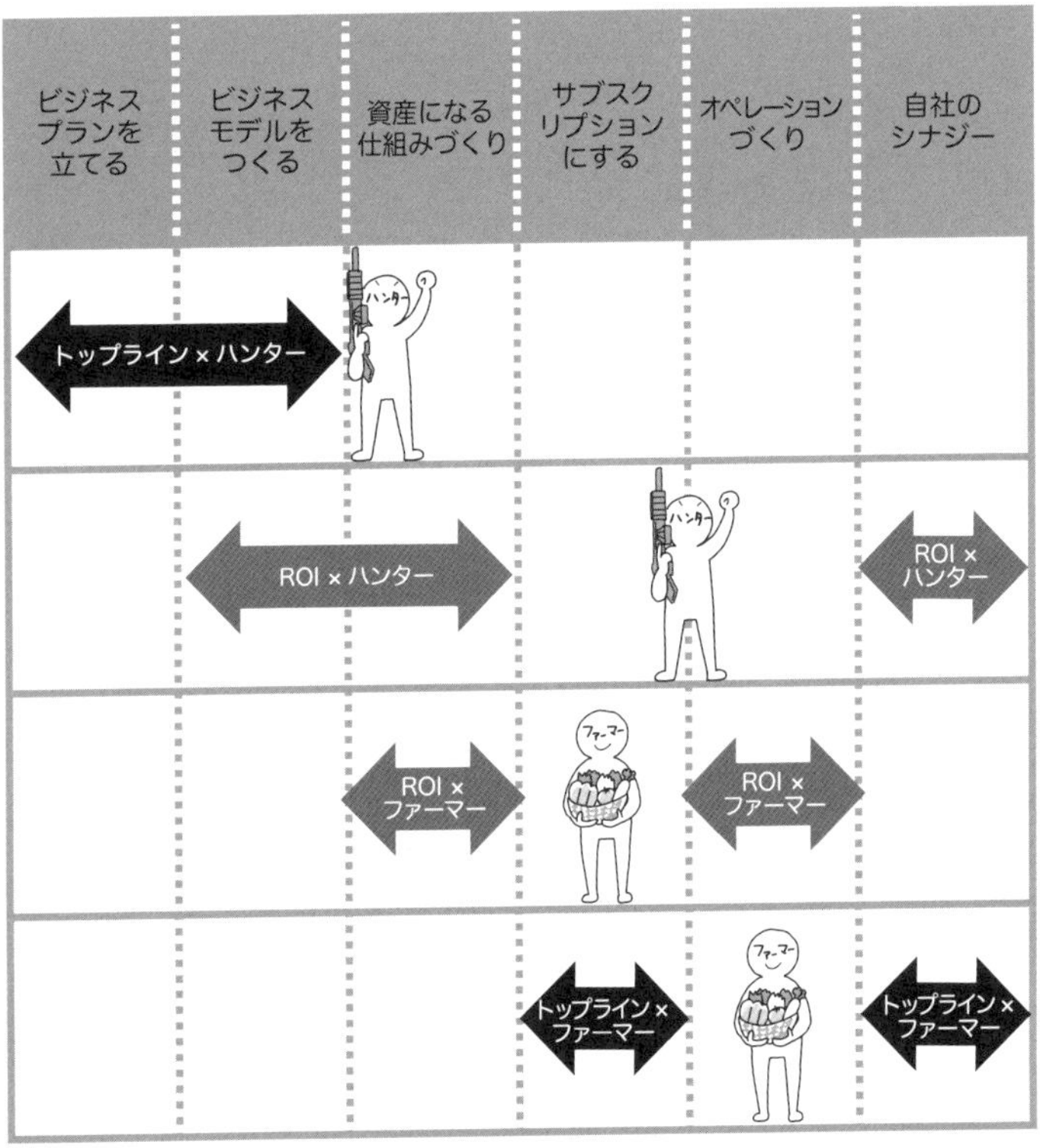

ーが目立ち、重要視されるように見えるが、実はそれ以外の人数のほうが多く、立ち上げた後をしっかり支える人材も重要である。つまり少数のすごい企画者と多数の実行部隊をもつことがDX成功の近道である。

もちろん、実行部隊のロールアサインをして、計画的に準備する。

変化に対するストレスを減らすコツ

さて、ここまで、ハンター型とファーマー型の仕事についてリスクやリターンを絡めて論じてきた。そこで問いたい。みなさんは、今の仕事に安心していないだろうか？　もちろん、安心して進めていくというのは大事だが、それぞれのパターンに分けて考えたときに、安心を感じるべき部分とそうでない部分がある。

スタイルに合わせて仕事をするのは重要だ。しかし、ファーマー型の人は自ら道をつくることを日々行なっているわけではないため、変化に弱い側面がある。一方でハンターは、変化をつくるのが仕事なので、変化が強みになる。ということは、変化という側面だけで見た場合、ファーマー型の人は、受け身であっても変化できるよう努力が必要になってくる。

もちろん、人間は変化に強くない生き物であり、筆者自身もそこまで強いわけではない。ハンター型の人にとって変化は強みになるが、やはり相応のストレスがある。

ではどうセルフマネジメントするか。秘訣は、変化させるところとさせないところを意識的に分けること、そして変化等によるストレスですり減ってしまうメンタルをコントロールすることだ。

たとえば筆者の場合、固定するところは徹底的に固定している。毎週同じ時間にテニスを行ない、金曜日はDXデーということにして会議は原則入れず、資料作成はそこで徹底的に行なう。お気に入りの靴は色違いで4足揃えてローテーションする。集中力を上げたいときは、ここにいくと気分が上がるというパワースポットをつくっておき、必ずそこにいく。毎月メンタリングを受

図表24　固定と変化の比率が変わる

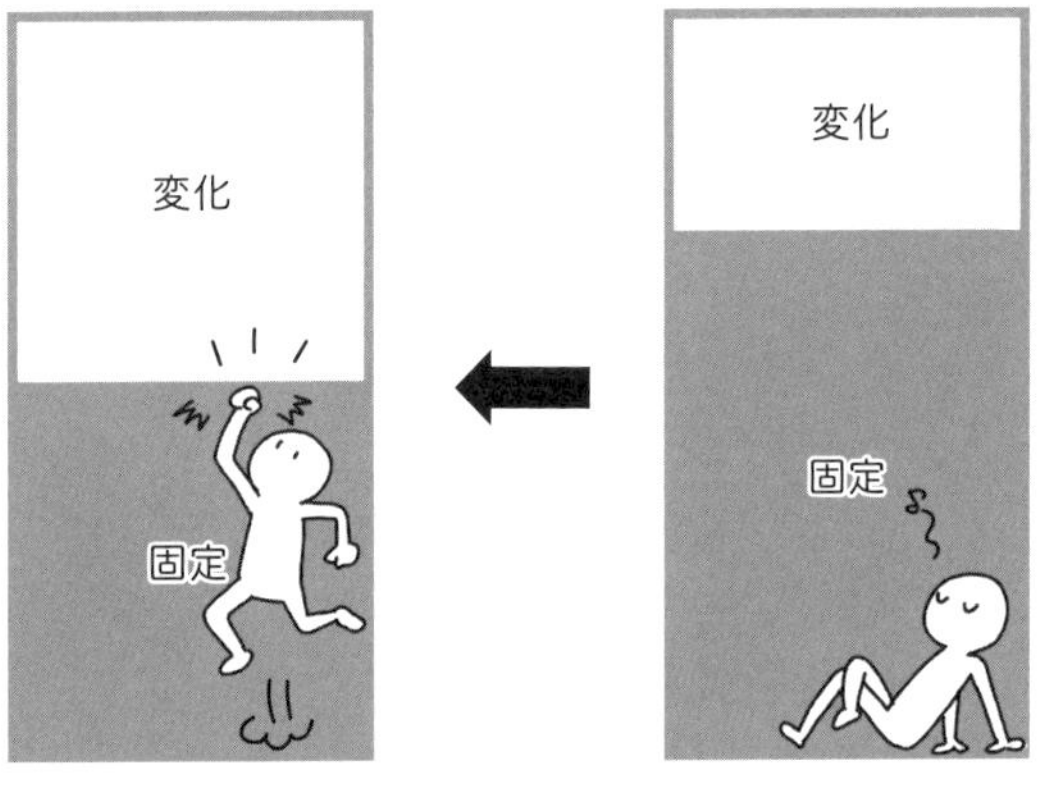

ける。お気に入りのiMacは11年使っている。

一方で、変化させるところも徹底している。テニスのガットは定番とチャレンジを決めて3カ月ごとに張り替える。新しいデバイスは率先して買う。車は色々なタイプのものに中古で乗ってきた。まったく異なるバックグラウンドの人と会話する機会をつくる……等々。

そんな筆者ですら、固定と変化の比率が期せずして変わると心身に影響が出てくることもある（図表24）。そこをマネジメントする手法を次に紹介しよう。

心身を整えるためのＨＰ／ＭＰマネジメント

人によって多少の差はあれど、変化にさらされると、メンタルにも何らかの影響はある。またそれがフィジカルにも影響を与えることは少なくない。悩みや心配のせいでメンタルが弱り、そのせいで睡眠不足になった経験はだれにでもあるのではないだろうか。

筆者が経営するＫＡＤＯＫＡＷＡ Ｃｏｎｎｅｃｔｅｄでは、人はフィジカルヘルスとメンタルヘルスのマネジメントを日々適切に行なっており、それをできる限り維持すべきという考えを重視している。

フィジカルヘルスをHP（Hit Point）、メンタルヘルスをMP（Magic Point）と定義し、従業員にはそのマネジメントを推奨し、マネージャーにはそのサポートをお願いしている。では、マネジメントとは何かというと、日々HP、MPともにムダに減らさない、減ったらリカバリーする、定期的に底上げする仕組みをつくるという3つのことを実施することだ。

〈HP〉

●ムダに減らさない：長時間の満員の通勤電車で疲弊する
●リカバリーする：寝る
●底上げする：時間を決めて重点的にトレーニングをする

〈MP〉

●ムダに減らさない：ネガティブな情報を感じるところに行かない、ネガティブな情報を聞かない、ムリをしすぎない

●リカバリーする：仲の良い人と雑談をする、家族とたわむれる
●底上げする：山登りをする

これを自分自身に合った型でできるようになると、変化と固定を適切に保つことができる。なぜこのマネジメントが重要かというと、HP／MPが整っているときこそが、ベストな状態だからだ。そして、ベストを保っていてこそ、各々のリスク許容度に合わせた変化を楽しむことができるようになる。

自分の価値を理解する

みなさんは自分の価値をいくらといえるだろうか。またその価値の源泉は何だろうか。

価値の源泉は、前述のHP／MPからくるフィジカルとメンタルのマネジメント力をベースとした他人への貢献、つまりアウトプットのことだ。そのアウトプットがどこから出てくるかというと、個々人がもっている資産、つまり人的資産だ。当

然だが、みなさんには価値がある。しかしそれが構造化されていないため、わかりづらくなっている。ここで少し解説しよう。

端的にいうと、「個人の価値＝将来の収入－費用・投資金額」である。みなさんの収入が何から生まれているかというと、資本である。その資本とは、現実的に自分がもっている時間、体力、精神力、そのほかに両親から受けたそれ以外の資本（人脈など）だ。もちろんそこから新しい技術や知識を体得するために、費用をかけて教育を受ける必要は出てくる。自分に投資をしなければすぐに技術や知識は陳腐化してしまう。そのような費用は当然ある程度はかかってくるものだと考えると、収入つまり資本を最大限に活用して大きくしたほうが、個人の価値は高くなる。

まず収入の主な要素となる給与について考える。最近は即戦力を求める企業も多く、投資というより報酬の意味が大きいところもあるものの、新入社員など若い世代の給与は投資という側面が強い。

一方ベテラン（成長が止まりつつある若手も含む）は、投資モードというより報酬の側面が強い。経験が増えるごとに技術や知識は上がるのが当然だから、ベテランとしてそれなりの技能をもつ人間にはそれなりの報酬を支払うのが妥当となる。

これ以上の成長を望めない場合は、その人個人より事業全体に投資することになる。逆に、成長していく人材には、教育機会をより多く与えるなどの投資を行なう。なぜなら、伸び代の大きい人材のほうが、リターンが大きくなるからだ。

つまり世代別に、自分のもつ資産が異なることを深く理解する必要がある。時間はすべての人間に対して平等だが、それ以外のものは年代、経験、心意気で変わる。一般的には、年齢を重ねるとお金、経験、知識がたまるが、冒険心や体力は低下する。さらにそのまま年齢を重ねると、経験や知識の価値が陳腐化する（図表25）。

ということは、常に、得た金銭的な資産をうまく活用し、冒険心や体力が下がらないように（できれば上がるように）投資を続け、経験も知識もアップデートしていくことが大切だとわかる。筆者の周囲には、年齢関係なく、40代でも、冒険心や体力を鍛え、経験や知識をアップデートし、お金も必要な分はきちんと貯蓄に回せている人が多数いる。

もちろんお金だけで人生を測るのは極端すぎる。人は信頼関係や愛情という形で信頼貯金を蓄積しながら生きている。信頼貯金とは、「本当の人脈」「良い仲間」「家族」などをつなぐ重要なものだ。先に述べたお金、経験、知識などの資産に加えて

図表25　年代によって自分の資産は変わる

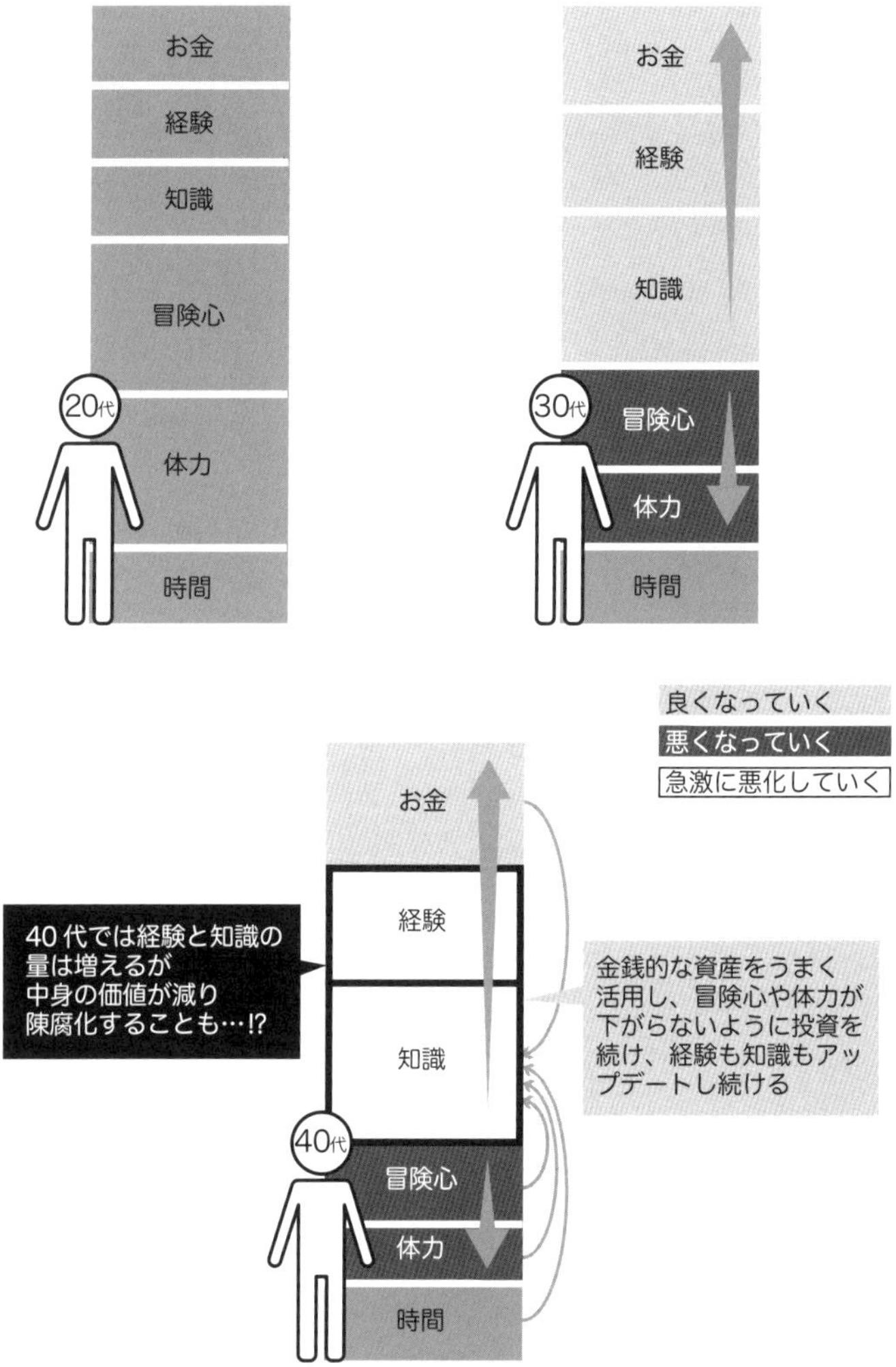

信頼貯金をどれくらい蓄積できたかが大切な時代になったことは、はからずも新型コロナウイルスの騒動で顕在化した。信頼を失うようなことをするとあっという間にSNS等の口コミで悪評が広がってしまう時代になったからだ。信頼貯金を数字にして流通しやすくしているのがお金だとすると、残念ながらそのお金は墓場まではもってはいけない。その代わり功績としての信頼貯金は長い間残るだろう。

自律できる人材になる

自分の価値を理解し、チームの一員として動くことができ、アウトプットを出しながら成長していくことがGAFAな働き方であるが、それに加えて日本人らしいエッセンスを追加するということを伝えてきた。戦後の日本型組織やビジネスのアーキテクチャである年功序列や終身雇用をはじめとする横並びの制度は良くも悪くも日本人に染みついてきたが、筆者のようにその型にはまらないタイプは、外資系企業に転職することで光を見つけることができた。また、ITやデジタル活用の分野で、起業して成功している人も、日本型の組織やビジネスのアーキテクチャにしばられず、新しい道をつくっている。

ＤＸで活躍するためには、日本型の組織やビジネスのアーキテクチャを一部、捨てて生きていかねばならない。30代、40代の人は自分の仕事の進め方をＯＳごと変えるつもりで、古いやり方を捨てる覚悟をする。20代の人は、社会人としての自分の仕事のやり方を、古いやり方に引きずられずにつくっていくことである。学生のみなさんは、新しい生き方をつくるのが役割だ。総じていうと、独りで立ち、自分を律することができるようになるということなのだと思う。

自分を理解し、律して、世界の流れを理解し、自分なりのリスクを背負って、しっかりリターンを得ていくという生き方を意識できる人がＧＡＦＡな働き方の環境でも活躍できる。そこに日本型のエッセンスを加え、大小を問わずリスクをとれる人が活躍できる場や仕組みをつくることによって、ローリスク志向の人が易きに流されず、自分らしさを出して挑戦をできるようになる。時には、ローリスク志向の人が、自分自身で挑戦をする場所を自らつくり出すようにさえなることが望ましい。ローリスク志向であろうと、ハイリスク志向であろうと、多様な日本型ＤＸ人材が広く活躍できるようになっていくと、筆者は考えている。

世代・役割別DX成功のポイント

ＤＸを進めるにあたり、各世代やポジションで必要とされていることが異なる。現状とありたい姿を定め、そのギャップを埋める方法について考えてみよう。以下に出てくる社長、役員、部長、課長というポジションは各社によって異なる概念であるため、あくまでもここでは、次のように定義して、まとめていく。

社長／ＣＥＯ：全社の責任者
役員：ＣxＯ相当
部長：ＰＬをもつ部門長
課長：現場のラインマネージャー

社長／ＣＥＯ：「決断をし、行動規範を決める」「デジタルの本質を理解する」

社長の役割は、ＤＸを進めると意思決定をし、それをステークホルダーに宣言することである。特に、細かいゴールを設定する必要はない。細かいことをイメージしすぎると、全体感が見えなくなるだけではなく、時に中間管理職や社員のやる気を削いでしまうからである。

決めるのは、行動規範のみ。必要に応じて人事制度の変更の後押しをするという決断も必要だ。また、DXはギバーが重要であるため、そのようなチームを徹底的に守ることが必要である。

行動規範には、デジタルファーストを織り込む。「過去こうだった」というのはNGワード、提灯持ち社員を見抜き、DXを実直に実行している社員を徹底的に評価する。

社長自身もデジタルを自ら使いこなすことができればさらによいが、デジタルに関する物事の本質が理解さえできていれば必須事項ではない。しかし、デジタルの物事の本質が理解できていない場合は、デジタルを使いこなすことが必須となる。

〈実現方法〉

これを実現する方法はただ1つ、社長に張りつくICTアドバイザーが必要不可欠だ。それはヘルプデスクであり、時にはCIOである。一般的に外部のコンサルではNG。なぜならばお金で雇われている人からは本音のアドバイスが出にくい。

社長デジタル化サービスメニューをＤＸ推進担当チームに作成してもらい、社長がデジタルの本質を理解するまで、ベタ張りしてデジタルスキルの底上げをする。

役員：「自らデジタルを使いこなす」「ＤＸ推進担当チームと良好な関係をつくる」

役員陣は、全員デジタルファーストで仕事をするべきである。メールという古いツールはいったん外部連携をするための手段として残すのみにとどめ、チャットやオンライン会議を使いこなす。

スケジュールはすべてOffice 365やGoogleカレンダー等で公開し、スピード感をもってスケジュール管理をできるようにする。

また、デジタル投資の目利きができない場合は、ＤＸ推進担当チームにすべての投資のアドバイスを依頼するのが最適だ。まずは、ビジネスモデルの目利きができるかどうかだ。そこはビジネスオーナーの意気込みを見つつ、投資回収計画を税務上の減価償却ではなく、サービスのライフサイクルで判断する。

もし、そのスキルを役員陣がもっていない場合は、必ずＤＸ推進担当チームのサポートを得て（当面は個別の支援が必要かもしれない）、いずれ仕組み化されるであろうプロセスを通じて、役員が判断できるようにする。

それに加えて、開発が関係する案件については、必ずＤＸチームのレビューを通し、その後のプロジェクトマネジメントや、ＩＣＴ機材、サービス、ベンダーの目利きをしてもらう。こうすることによりもっとも重要な論点である運用費を含めたリクープ計画の精度を上げる。

日本のデジタルサービスは、選択したソリューションが技術負債になるという不幸な例が残念ながらあちらこちらで発生している。自社の選択が将来的に技術負債にならないようにするためのチェックを必ずしておくこと、そしてＩＣＴアーキテクトやエンジニアに見てもらえる関係づくりをＤＸチームとともにやっておく必要がある。

〈実現方法〉

技術の本質をわかっているＣＩＯと定例ミーティングを行ない、自身やチームのＤＸについての相談、雑談を1on1で実施する。多数の人が参加する会議等では相談できないことなどを解決し、わかったふりなどをしなくてすむようにする。

役員にとって、「知ったかぶる」「わかったような気持ちになる」「現場に丸投げする」という状態がもっともリスクが高い。こうならないためにも定例ミーティングは重要である。もしＣＩＯが技術の本質をわかっていない場合は、ＣＴＯや、現場の技術をよく知るＩＣＴアーキテクトと会話をするのもよいだろう。

部長：「デジタル投資に優先順位を」「デジタル技術を使いこなす仕組みづくり」

部長は、デジタル投資案件の優先順位をつけることが重要になる。デジタルの技術に慣れ親しんでいることよりも、デジタル投資案件の優先順位を決めるスキルを徹底的に高める必要がある。

これができないと、すべての案件が「急ぎ・重要」になり、さらに着手容易性が加わり、どの話が重要なのか優先順位をつけられなくなる。

そうなると、重要な案件が先送りになったり、難易度が高すぎる案件を体制不十分、外注丸投げで急いで行なってしまったがゆえに、結果的に何もできなかったということになりかねない。

次に、部長には仕組みをつくるという使命がある。

チーム内に、デジタル技術を活用しないと仕事ができなくなるメカニズムをつくるのも部長の重要な仕事である。一方で、物理的な仕事やアナログな手段の価値を明確にすることも同時に重要である。

対面型のミーティングとは何か、自分たちにとってオフィスとは何か、それを考えるのは部長レベルのマネジメントがする仕事である。

〈実現方法〉

まず、デジタル投資案件管理プロセスをつくり、ＤＸ推進担当チームにマネジメントをしてもらう。それを通じて、全社および自チームのデジタルの仕事の優先度づけのノウハウをチーム内にためていく。

同時に、各種デジタル投資案件の購買や発注もＤＸ推進担当チームに最適化してもらい、購買力を高め、不要なコストを発生しないようにする。

そして、本書にあるチーム運営をＤＸ型にし、組織という箱とは関係なくロールアサインリストをつくることでサービスチームにする。そして、デジタル技術活用のコミュニケーションプロセスとして見直し、中期的に競争優位性を維持できるワークスタイルを確立する。

課長：「デジタルとアナログを融合させる際の課題をフィードバック」

課長はデジタル技術を使ったビジネスを推進する現場のロールモデルとなるため、徹底的にデジタル技術を使いこなす。アナログや対面、物理的な制限についてのこだわりはいったん捨てる。バランスをとるのは部長に任せるくらいがよいかもしれない。

そして、デジタル技術を推進していくと現場からさまざまな意見や要望が出てくる。ここが課長の腕の見せ所。そのときには、しっかり現場の社員と1on1のような会議で会話をし、何が課題なのか本質を見つけ出して、DX推進担当チームにフィードバックする。本質を見抜けない、そして、表面的な対応になってしまうというのは一番よくないパターンだ。そうならないようにするのが課長にとっての最重要課題だ。

極端にいうと、課題の本質は現場にしかないため、課長のフィードバック発掘力は、会社の生命線になる。課独自に個別最適化されすぎていない情報を可能な限り現場から拾い上げ、回るようにしていくわけだが、どうしても落ちこぼれてしまいそうな社員が出てくる。

落ちこぼれ社員が出ると、現場の心理的安全性がいずれなくなってくる。いつかは自分がその立場になるのではないかと心の底で思うようになる。

という理由から、課長は落ちこぼれが発生しないように、精神面でフォローをしつつ、会社のDXの仕組みを最大限活用する。

〈実現方法〉

課長は、部長以上に全社のＤＸの取り組みについてくわしく知っている。つまり、課長同士のつながりからヒントを得るという活動が重要であることがわかる。

まずは、自らデジタル技術についてＤＩＹ（Do it Yourself）でトライし、体感した上で、現場からの声を吸い上げ、落ちこぼれを出さないように徹底的な打ち手をとり続ける……、そんな課長を目指す。

現場社員：「得意領域を決める」「デジタル技術に苦手領域をつくらない」

現場社員は、デジタル技術の得意領域をもつことが必須である。「あの人はあのデジタル技術領域が得意だからお願いしたいね」とタグがつくレベルまで磨き上げておくことである。得意領域ができると、さらに得意な領域が深まり、そしてそれが横に広がるという法則はみなさんご存じの通り。

たとえば、第２章で解説したような領域の何か１つを得意技にしてみてはどうか。何かを突き詰めると得意になって、不足しているところを仲間とお互いをサポートし合えるため、結果的にチームワークが上がるという体験を学生時代にした人は多いだろう。社会人になってもそれは同じだ。

一方で、苦手領域をつくらないことも重要である。得意なところだけを伸ばしていると、本来できたほうが良い「基礎的なこと」をできるようにすることを忘れてしまう。

できないことが2つ以上あったりすると、できないことを正当化するための説明をし始め、その結果、前に進める力が落ちて、最後は得意な箇所まで得意でなくなってしまうということがあり得る。

苦手領域があったとしても、緩和するくらいのレベルでできるようになっておくとよいと思う。

〈実現方法〉

まずは食わず嫌いをしない。やれば大体できる。得意領域を切磋琢磨する、苦手領域を補完し合うために、社内の有識者とチャット等でつながる。それらの活動を通じて、デジタル技術スキルのベースアップを行ない、その力を他の人とも交換することによって、さらに前進するエネルギーがわいてくる。

他人から変化をうながされるのではなく、未来の自分や所属をしている会社にとって必要なことは何か考え、そこから逆算した結果、これしかなかったという形でDXを進められると、DXが自分のプロジェクトになっていく。

未来の自分という主語をもってきたのは、会社は所詮1つの組織であるため、長期的にはなくなってしまう可能性があるため、会社だけを軸にしないほうがよいということである。自分は死ぬまで自分。もっとも自分らしい未来に必要なことから逆算すると、結果的に所属している会社にとってもメリットが大きい可能性が高いため、そのように考えることをオススメする。

新卒1年目：「まず行動ありき」「先輩を脅かす」

新卒の特権は、自由であることだ。理由は2つある。1つ目は、そこまでクリティカルな仕事をいきなり任されないため失敗できること、2つ目は会社の制約がわからないため、発想に自由があることである。

会社の可視化されているルールの範囲で、先輩の行動を見つつ、実行することが重要である。ルールに関する暗黙知は知らなかったことにするくらいの勇気が必要かもしれない。筆者もそれで相当の地雷を踏んできたように思うが、まったく後悔していない。自由な発想で、チャレンジをしている後輩を見ると、先輩は戦々恐々となる。先輩社員が、これまでにも存在していた会社の「微妙な」ルールを言い訳にしている中で、本来なら自分もベストと思っていたことを新卒1年目社員にいわれ、きちんと説明できないということが度々発生する。

「このデジタルツールは使いにくいのに、なぜこのようになっているんですか」と尋ねられて、明確な回答をできない先輩社員がいたら気をつけたほうがよい。

〈実現方法〉

まずデジタルツールや技術への投資、自己投資は惜しまないこと。デジタル関連のことでわからないことは調べる、実験する。体感することで色々と見えてくることが多い。検索エンジンで調べてわかったつもりになるのは最悪のケースだ。

一方で、社内の情報やルールについてはわからないことは先輩に聞きまくる。

「なぜ?」「なぜ?」「なぜ?」……と、1つの解で納得できない場合は、合計10回くらいはいってもよいかもしれない。

目の前に転がっている課題は機会としてとらえて、積極的にとりにいき、課題解決にチャレンジするのがよい。みんなはあなたのその根性を見ている。

大学生：「本物のデジタルネイティブになっておく」

本物のデジタルネイティブとは何か？　スマホを使っている＝本物のデジタルネイティブではない。

本物のデジタルネイティブは、その技術を使ったサービスをつくるスキルをもっていることである。さらにいうと、自分自身でプログラミングを理解しているということは必須事項かもしれない。スマホでSNSを使えるだけでは、昨今ではだれでもできることなので、それは差別化要因にならない。それ以上の何か、そう、サービスを使う側ではなく、つくる側に回ることが本物のデジタルネイティブ人材の証といえよう。

もし、デジタルサービスをつくる側ではなく、それを使いこなしたビジネスの企画者として生きていこうとする場合は、相当の覚悟が必要になる。ものすごい企画は本当に価値があるが、そこそこの企画は見向きもされない。「それくらいだれでも思いつくよ」といわれるのがオチだ。結果的にデジタルサービスを実現できるICTアーキテクトやエンジニアの価値に負けてしまう。

第4章のピープルポートフォリオマネジメントでも解説したように、発散思考をもち、デジタルの企画者として生きようと思った人は、ニッチな領域でもよいので、日本や地域で1位を目指すことをオススメする。

一方でICTアーキテクトやエンジニアは、ニッチを目指すより、王道と呼ばれる領域でトップレベルといわれる力をつけることをオススメする。

〈実現方法〉

企画をする人は、世間の面白いをつくり出すセンスと発信力が重要になる。その場合は、タブレットやスマホのようなデバイスが助けてくれるだろう。

一方で、デジタルサービスをつくるICTアーキテクトやエンジニアにとっては、アウトプットした量×質が重要になるわけだが、それを高めようとすると、情報を見ることが中心のタブレットやスマホよりも、情報のアウトプットがしやすいPCも使える人材が必要なのかもしれない。最近の大学生はスマホでもPC以上のアウトプットをできる人もいるようなので、これについては言い切れないだろうが。

第7章

「守りのDX」リモートワークは成功するのか

守りのDXの重要課題であるオンライン会議

リモートワークを実現をするためには守りのDXが進んでいることが必須である。なぜならば、リモートという制限のある状態では、仕事の品質とスピード、その継続性を確保することが難しい。対面で会話をしてすり合わせをすることができず、エレベータートークが使えないため、ちょっとした雑談でコミュニケーションギャップを埋めることが難しく、だれがどのようなアウトプットをしているのかもわかりにくい。

もし、DXを進めていたら、人やチームの役割がハッキリしており、コミュニケーションも設計されている。そのため、ミスコミュニケーションを限りなく減らすことができている。また、従業員への期待値とアウトプットで基準の確認方法がクリアであるため、この制限のある状態を乗り切ることができる。

さらに、視点を変えると、DXが進むと、仕事を進める上で不足していることもクリアになるため、リモートであっても早いタイミングでそれに気づき、サポートを入れることができる。その結果、リモートでも対面と変わらない調子で仕事を進められる。

そんな中であるが、リモートワークでの格差がすでに顕在化しており、特にオンライン会議の格差は大きな問題であり、その体験を平等にすることがまずは緊急の課題である。

たとえば、コロナ禍のテレビ放送において、通常の演出にするとスタジオ内の出演者が密になってしまうということで、自宅やテレビ局内の別の部屋からのリモートという形で参加するという演出がなされた。テレビ局の別の部屋からの出演ならテレビの放送網を使ってコミュニケーションができるが、自宅からの出演者とスタジオの司会者をつなぐ場合はインターネット経由になる。当然、送られてくる画像も粗く、発言にも遅延が生じてしまう。遅延が生じると、トークしづらくなる。一方で、テレビ局内の別の部屋からの出演者とスタジオの司会者はそのような微妙な遅延や画像の乱れが生じない。つまり、発言者がどんな環境にいてどう放送されるかで、本来あり得なかったはずのヒエラルキーが生じてしまうのだ。

オンライン会議でも同じようなことが生じる。自宅から話している人、社内の会議室で話している人の間に、音声・画像の差が生じてしまい、結果的に発言の機会を奪ってしまうのは人権問題といってもいいくらいクリティカルな問題であり、これを是正するのは会社側の最低限の責任といえよう。

また個人として、それらの品質を上げることはビジネスマナーといえるだろう。なぜならば、オンライン会議の音声等の品質の低さは、参加者へのストレスになってしまうからである。

オンライン会議の体験を構成する要素

オンライン会議を構成する要素は、音声の品質（声のクリアさ、音声の遅延）と、画像である。それに加えて、チャットを使って意見をいえるかということも補助的要素として重要である。さて、これ以降はPC、タブレットやスマホを使ったオンライン会議に注力して考えてみよう。

まずは回線の品質、具体的には帯域と遅延、これがすべてといっても過言ではない。

帯域とは、計測結果（https://fast.com/にて）の230Mbpsの数値である（図

表26)。これは大きいほうがよく、利用者は同時に大容量のファイルやデータを送ることができる。オンライン会議では、難なく自身の画像を送ることができる。

遅延とは、図表26では計測結果の6msの数値である。これが小さいと良く、利用者は音声や画像の遅延を感じる可能性が低い。

次に、カメラ、マイク、スピーカーである。特に、マイクとスピーカーは、音声の品質に直結するため、会社が従業員の支援策として注力して投資すべき領域である。音声の良さについては、双方向でフィードバックをするなどして、定期的に品質を担保するとよい。カメラについては、マイク・スピーカーと比較して優先度が低い

図表26　回線の品質

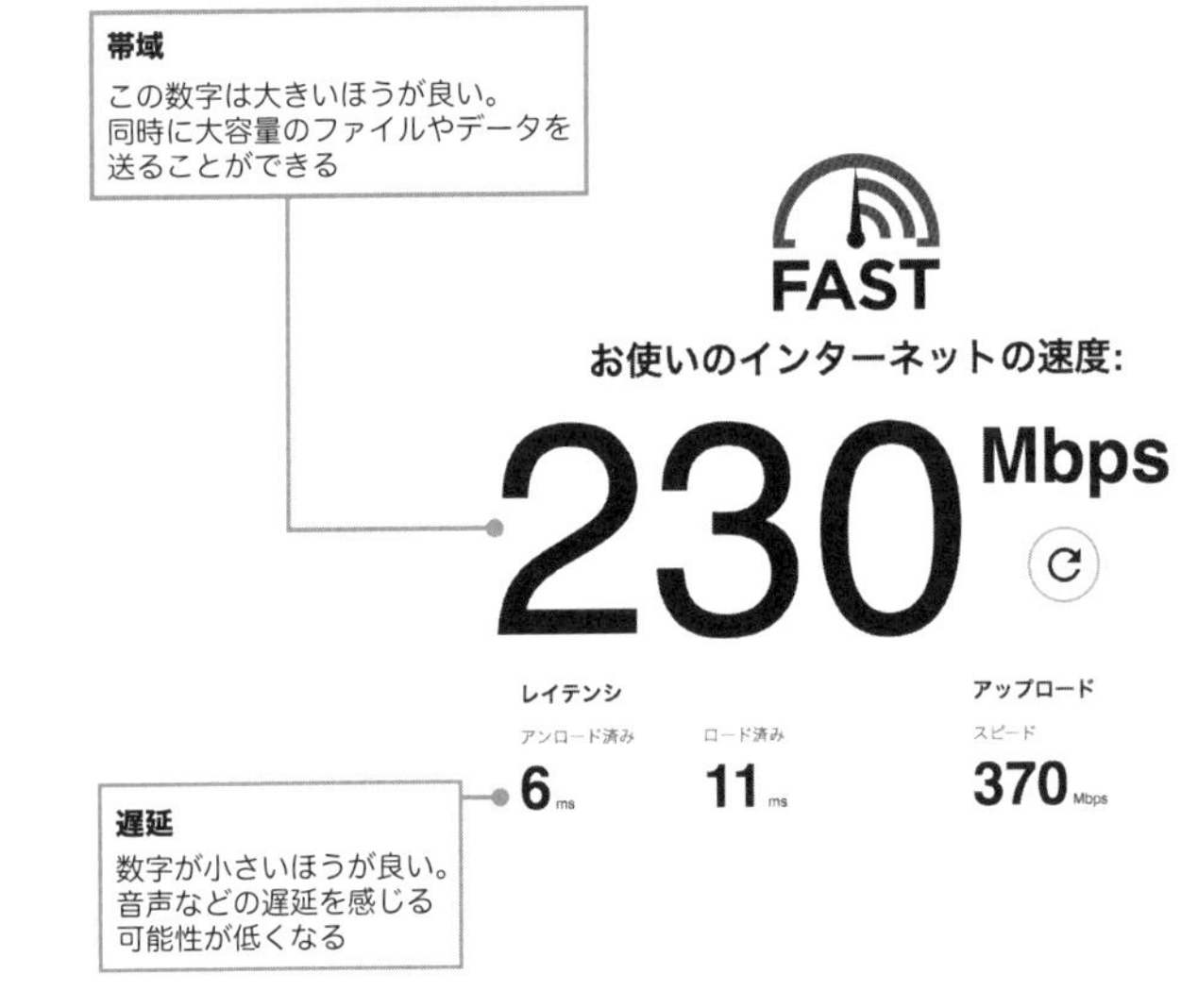
帯域
この数字は大きいほうが良い。
同時に大容量のファイルやデータを
送ることができる
FAST
お使いのインターネットの速度:
230 Mbps
レイテンシ
アンロード済み
6 ms
ロード済み
11 ms
アップロード
スピード
370 Mbps
遅延
数字が小さいほうが良い。
音声などの遅延を感じる
可能性が低くなる

が、最新のPCやスマホであればほぼ心配することはない。

筆者は、安いアクションカメラを活用し、4Kで配信できるようにしている。マイクはヘッドセットを使い、場所などのフレキシビリティをもったオンライン会議を行なっている。

最後に、配信するデバイス（PCやタブレット）のCPUとバッテリー性能が重要である。もしみなさんがご自身の画像をカメラから送る場合、画像を送るためCPUを消費する。CPUの性能が低い古い機材の場合、たとえば5年前のロースペックのPCの場合、カメラをオンにして画像を送るオンライン会議を行ないながら、同じデバイスで別の作業を行なおうとすると、動きが遅いと感じることがあるだろう。画像を送るとCPUをガッツリ（30～50％以上）使う。電源に接続しないで使っている場合、バッテリー性能が生命線になるだろう。もしCPUの性能に不安があり、電源に接続していないなどバッテリーに不安がある場合は、カメラをオフにするとよい。

また、夏になりエアコンがきいた部屋でオンライン会議をしている場合はよいが、秋に近づき体感温度が低くなっていく中で、エアコンがきいていない、つまり「CPU使用率が継続的に高いため、PCの温度が高いまま」である状態が続くと、自動的にＣＰＵのパフォーマンスが落ち、リモート会議に支障が生じる。ファンレスのＰＣの場合、この事象が発生する確率が高いため、注意が必要だ。

良い回線とは「帯域30Ｍｂｐｓ超、遅延30ｍｓ以下」

まず、回線の良い・悪いの基準について考える。

本内容は、あくまでも実験結果であり、帯域や遅延について、科学的な視点から別途見るべきと考えたが、まずはスピード重視で情報を共有したいと考えている。

回線の品質がもっとも重要であるといったからには、その基準を明確にするべきと考え、１つの指針をつくった。結論からいうと、私が計測できた範囲の結果からは、帯域が30Ｍｂｐｓを超え、遅延は30ｍｓを下回っていればＯＫとしている。

次に、ユーザー体験の基準について考える。

携帯電話で会話をした体感が、人の音声による会話の１つの基準と定義し、そのレベルがＷＥＢ会議でも担保できているかが重要である。そのため、携帯電話での会話の基準を、ＷＥＢ会議で担保すべき品質の基準とする。

ここでは携帯電話（ｉＰｈｏｎｅ〈ｄｏｃｏｍｏ〉↕ｉＰｈｏｎｅ〈ＳｏｆｔＢａｎｋ〉）で音声会話をした際の体感的遅延[1]を計測し、その結果である９００ｍｓの遅延

（1）体感的遅延
遅延は純粋な回線遅延ではなく、ユーザーとして体感する遅延と定義。

（2020年6月19日時点）を1つの基準とする。

重要な視点である帯域と遅延

まず帯域については、オンライン会議のツールは通信帯域を送信＋受信を合わせて1・0〜3・0Mbpsの間で消費をしているように見える（2020年6月19日時点）。よって、この数値を超えていれば問題なく会議ができる。加えて、カメラをオフにすることにより、この数値を10分の1くらいに削減できる。パケ死を気にしている人はここを意識する必要がある。

次に遅延について考える。良いユーザー体験を実現するためには、できれば1桁台のms（ミリ秒）の環境を実現したい。これを実現できていると、音声の体感的遅延は800ms程度にすることが可能であり、携帯電話のレベルを維持、場合によっては超えることができる。

実験の結果、インターネット回線の遅延が10〜30msの間であれば、携帯電話の音声通話レベルのユーザー体験の遅延である900msの基準をインターネット経由のオンライン会議でも下回ることがわかった。そして、遅延が3桁、つまり100msのような状況になると、体感的遅延が1200ms、つまり1・2秒の遅延となり会話が成り立たなくなり始める。具体的には、会話が途切れたときに発言しようとすると、数名が被ってしまうようなことが発生するのはこれが理由である。

私はコミュニケーションの研究者ではないので、会話がどれくらい途切れると他の人が発言するのか定量的データを持ち合わせていないが、オンライン会議で1・2秒から1・5秒の途切れた時間が、他の人が発言をするOKサインのようなものであるのだろうと理解している。

会議ツールによる差はあるのか

Ｇｏｏｇｌｅ ＭｅｅｔとＺｏｏｍで、同じデバイス、回線で実験をした結果、遅延の違いは見つからなかった。動きの差はあるが、現実的にはほぼなく、今後はその差はさらになくなっていくと考えている。

一方で、データ送受信の量の違い（Ｇｏｏｇｌｅは送信が多く、Ｚｏｏｍは受信が多い）があった。そして、ＣＰＵ使用率の違いがあり、アプリケーションで行なおうとブラウザで行なおうと、ＺｏｏｍのほうがＣＰＵ使用率が3割少ないように見えたが、ここは最新のデバイスを使っている場合には気にならないであろう（参考：Ｇｏｏｇｌｅ ＭｅｅｔとＺｏｏｍ、それぞれのホームページに推奨要件が示されている）。

数十人や数百人規模の会議でのベンチマークを行なっておらず、そのようなケースではツールの特性が顕著に表れるかもしれない可能性があるため、それは今回触れていない。

オススメ「ＷｉＦｉより有線接続、ＷｉＦｉなら５ＧＨｚを使用」

みなさんが気になるのは解決策だろう。まず、帯域と遅延の改善方法として、ＷｉＦｉ接続から有線接続にすることをオススメする。これで遅延が1桁変わる場合がある。図表27のベンチマークをした6ｍｓという私の環境はもちろん有線接続である。もしＷｉＦｉ接続しか使えない場合は、ＷｉＦｉを５ＧＨｚを使っているか確認し、使っていない場合は使うことをオススメする。５ＧＨｚではなく２・４ＧＨｚのＷｉＦｉはＢｌｕｅｔｏｏｔｈとの干渉などもあり、通信が安定しない可能性が高い。ただし、５ＧＨｚを使っても２・４ＧＨｚと比べて改善しない場合は、ＷｉＦｉのリピーター等を使うとよい。５ＧＨｚ帯のＷｉＦｉが壁などの障害物に対して強くないことからだ。

図表27　LTEとWiFiの比較

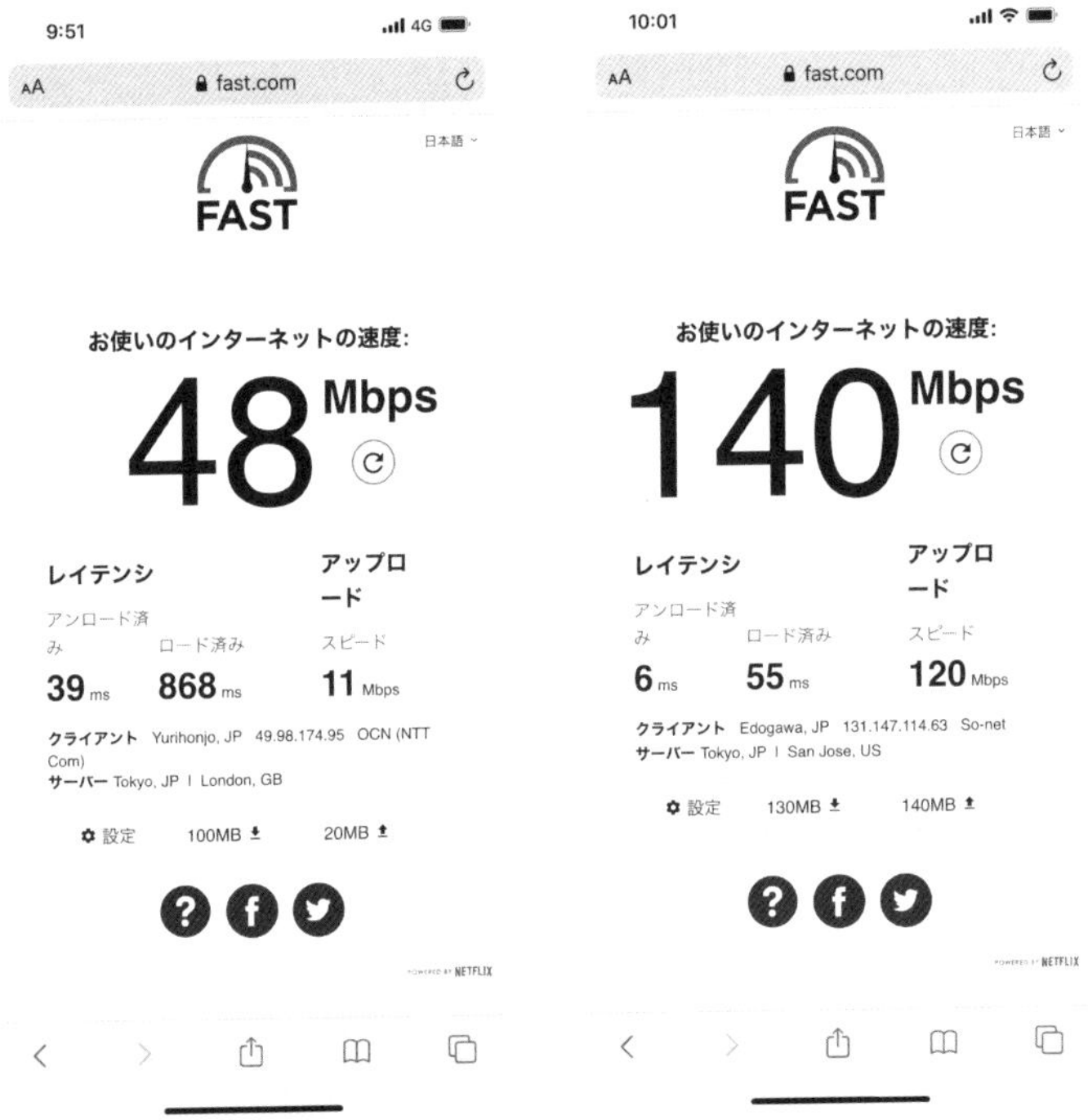

左が iPhoneLTE、右が WiFi + NURO光一戸建て型の計測結果
- オンライン会議のツール：Google Meet と Zoom を使用
- デバイス：iPhone XS
- 回線：NURO 戸建て型（WiFi 5GHz）と docomo LTE

もし、インターネット回線がマンション型で、その遅延が常時大きく、「上記対策を行なった上で」遅延が30msを常時大きく超えている場合は、携帯電話のテザリングを検討することをオススメする。もちろんパケ死だけは気をつけてほしい。iPhoneを使ったLTEとWi-Fiの比較をしておくので、参考にしてほしい（図表27）。

これだけの対策を行なってもまだ、回線事情が解決できない人が残ってしまうだろう。その場合は、チャットを使った発言をだれでもできるようにファシリテーターが積極的に後押しすることが重要になってくる。具体的には、会議の設計として、意見があったら随時チャットで発言することを推奨し、その発言をファシリテーターがしっかり拾うことである。もちろん、チャットでの発言が不適切であれば、ファシリテーターが指摘をし、方向修正を行なうが、可能な限りリスクフリーでチャットで発言できるようにすることが最後の決め手となる。

ユーザー体験のテスト方法

オンライン会議ツールを使って、AさんとBさんをつなぎ、2人にはストップウォッチをもってもらう。同時にストップウォッチをスタートさせる。Aさんが、ストップウォッチを使って1〜5までカウントアップし、Bさんが6をいったタイミングでストップウォッチを止める。これを3回行ないその中央値を取得する。

このテストは、あくまでもユーザー体験としての情報であり、今後各オンライン会議ツールのアップデート、そして回線の進化などが続くため、本格的テストはGoogleやZoom、インターネット事業者のみなさんにお願いしたいと考えているが、引き続きこのような「ユーザー体験」のデータはとっておきたい。

コロナ禍で問われる「オフィスとは何か？」

新型コロナウイルス騒動前と、今ではオフィスの形が変わりつつある。

業種や業態、職種によって異なるわけだが、主にホワイトカラーといわれている仕事をしている人にとって、オフィスのあり方が変わっている。

今のオンライン会議の技術と、私たちのコミュニケーションスタイルでは、対面で会わなければ仲間との信頼関係が少しずつ減っていく。

私が外資系企業で働いていたときは、同僚の多くが海外の人で、もちろん日本人ではなかった。そのような状況下で私たちは、四半期に1回直接会ってチームビルディングをしていた。

チームビルディングとは、各自のアップデート、ロードマップについての議論、夕食を共にし雑談をする、チームワークのアクティビティとして、山登りをしたり、相手のパーソナルな部分について知ることで、仲間の多様性を受け入れ、信頼関係をつくるというようなことだ。

コロナ禍では、今まで一緒に仕事をして、信頼貯金を貯めてきた人とであれば、ある程度は仕事がスムーズにいく。しかしその「ある程度」を超えると、信頼貯金がなくなり、性善説で仕事がやりにくくなっていく。もし、着手する仕事が新しい取り組みであったり、さらに新しい体制で進める場合は、より難しくなる。

今まであった信頼関係を減らさないようにした上で、新しい人と信頼貯金を貯める必要があり、それには直接話すことが効果的であることが多い。

つまりオフィスとは、作業をする場所ではなく、チームのメンバーと集まってコミュニケーションをとる場所になりつつある。オフィスに行きさえすれば、雑談でもOK、ブレストでもOK、何にもしないで一緒にいるだけでもOKなのだ。場合によっては話をせずに作業をしているかもしれないが、チームの仲間ということで充実感をもつだけでもOK。オフィスとはそのような場所になっていくだろう。

私がリードをしているKADOKAWA Connectedでは、自宅をオフィスと定義しており、もし会社に行く場合は、自宅を出た時間が出社時間で、退社時間は自宅に到着をした時間にしている。

これは、ほとんどの仕事をオフィス以外でできるKADOKAWA Connectedだからこそできることであり、医療従事者のようなエッセンシャルワーカーは、そのようにいかないことが多い。

しかしながら、今後の日本の働き方を考える上で、出勤を必須とする企業が徐々に減っていくのは確実だ。オフィスの定義を「仲間とチームビルディングをする場所」とし、計画的に会う機会をつくるようにするという方法が主流となり、オフィスの形も変わっていくことだけは間違いない。そのような働き方を採用した企業がROIの高い仕事の進め方にたどり着いた場合、ライバル企業は最低限そのやり方をフォローしないとついていけない可能性が高いからだ。

新しい働き方を、KADOKAWA Connectedで定義できつつあるので、いずれ日本全国にノウハウを公開していきたい。

エピローグ——生産性を「自分らしく」高めるためのDX

恩師であるグロービス経営大学院の経営研究科研究科長の田久保善彦先生と対談した際に、GAFAの一角であるAWS（アマゾン ウェブ サービス）や、VMware（クラウド技術のコアとなる技術を提供する会社）、マイクロソフトなどで働いていたときに経験したことは、DX（デジタルトランスフォーメーション）を行なう際の経営改革に必ず役に立つと感じた。そこで、その経験とその振り返りをメディアプラットフォームnoteに整理していった。それが本書執筆のベースとなった。

執筆を進めている期間は、新型コロナウイルスの影響が社会を変えている最中であった。私自身もKADOKAWAの執行役員としてコロナ対策をしながらDXを進めた。さらに、「ところざわサクラタウン」のオープンの準備、情報経営イノベーション専門職大学（iU）准教授の仕事など、実業を実践しながら執筆できたことは、本書の内容に大きな影響を与えている。実業での学びを、即執筆に活かすという貴重な経験であった。

世界でデジタルビジネスがタケノコのように立ち上がり、レッドオーシャンになっていることを横で眺めつつ、最後はそれらのビジネスを支えるメカニズムが重要であると日々考えていた。目の前のコロナ対策を進める一方、ポストコロナを見通してKADOKAWAグループのさらなるDXを進めてきた。

DXのメカニズムをつくるためには、会社の経営基盤を入れ替える必要がある。経営基盤を入れ替えるためには、そこで働く従業員と一緒に仕事をするビジネスパートナー、そしてお客様を含めたビジネスの全体像を俯瞰し、デジタル技術をテコに、その企業がもつアナログな強みを活かしてビジネスモデルを考え直す必要がある。そうして考えられたビジネスモデルを遂行するのに最適な仕事のやり方を探す、これがDXの本質である。

つまりそれは、生産性を「自分らしく」高めるためにデジタル技術をうまく使って実現するという思想である。一律にリモートワークをすることや、一律に出社を強要するというやり方は、人を人とみなさず、人をコストであると考えてマネジメントをすることであり、時代遅れであると筆者には見えている。

組織において、各々の価値観にあったさまざまなロール（役割）を選べる仕組みをつくり、その仕組みを通じて挑戦的なロールを選び、高速回転運動係数を決めて、それに成功すれば挑戦に見合ったリターンを得られる。これをロール型人材マネジメントと呼ぶ。このロール型人材マネジメントを実践できると、成長することに蓋をされてしまっている人材に刺激を与え、さまざまな課題を突破してくれるのではないかと考えている。

それを行なうには、人の生涯生産性を高める必要がある。自分のロールを探し続け、自分の人生のステージに合ったロールを選択し、自分自身をマネジメントしていく。自分が挑戦したいロールを選択するために何が必要かを考えるには、世界が変化している今が、一番良いタイミングである。

人の生涯生産性を最大に高めるには、スマートシティ（Ｓｍａｒｔ Ｃｉｔｙ）でのスマートライフを送ることが一番であると考え、２０１９年11月にＳｍａｒｔ Ｃｉｔｙ研究所を立ち上げ、それを実現するために何ができるかを考え続けてきた。人はフィジカルコンディションとメンタルコンディションの状態によって活動量が変わり、生産性が変わる、両方を日々高める、ムダに減らさない、減ったらリカバリーする、というプロセスをデジタル技術で支える仕組みをつくるために、筆者は仲間たちと日々研究を進めている。

その最初の第一歩が本書の執筆であった。デジタル技術によるサービスを開発する前に、実現するためのメカニズムを考え、組織アーキテクチャ、コミュニケーションの取り方、ビジネスアーキテクチャを設計し、整理したものが本書である。論点を整理していく中で、ついに私が探し求めていた「ベストな日本型マネジメント」が見つかったように思う。そしてその手法をベースに、デジタル技術のアーキテクチャでつくった新しいメカニズムを、組織、コミュニケーション、ビジネスのどこに適用するか決めれば真のDXを実現できると、筆者は考えている。

TBSテレビで放送されていた「日曜劇場 半沢直樹」の後半は、大口融資先の帝国航空の経営再建を目指しながら、東京中央銀行の組織負債を清算し、経営改革するということがテーマであったように見える。DXとは、こうした再建・改革をデジタル技術をテコにして行なうということである。

経営陣が変わるということが、DXの最後の壁になるのではないかと私は感じている。変わるとは、経営陣の仕事のやり方を変える、経営陣がDXをリードするチームに「すべて」権限委譲する、または、経営陣自身が交代する、どの手法をとっても良い。どれを選んでも、3年、いや5年くらい時間がかかるが、デジタル技術をテコに、どの選択肢をとって再建・改革の「道」を歩んでいくのかを決め、決めた後に、必要なスキルは今の自分、自社にあるのかと自問自答し続けるという闘いと葛藤のプロセスが待ち受けている。

経営陣が変われば、DX実現のためのボールはあなたに必ずわたってくる。自信があるかないかにかかわらず、あとはあなたが「実行する」だけになっているはずだ。

経営陣が変わらない、自分自身が実行できないなどの理由から、自分の居場所を変えるという選択肢もあると思うが、そこまで決断することを含めて、自分自身との闘いなのだと筆者は思う。

本書を最後まで読んでいただき、読者の皆さんに感謝すると同時に、本書の費用と、読むために使われた時間に対して、それ以上のリターンがあることを祈っている。

そして、本書の執筆を支えてくれた数え切れない多くの関係者の方々に感謝すると同時に、ドワンゴのインフラ改革を一緒に行ないながらこの仕組みを作ってくれた「ドワンゴＤＣＳ部とＤＤＳ部」のみんなと、働き方漫画を一緒につくってくれたり、本書の図表・イラストを作成してくれた、かんべみのりさんに特にお礼をいいたい。ありがとう！

本書を執筆するきっかけとなったのは、２０２０年の新年が始まって間もない時に交わした、東洋経済新報社に勤める友人との会話であった。当時の筆者は自身が代表取締役社長を務めているＫＡＤＯＫＡＷＡ Ｃｏｎｎｅｃｔｅｄの仕事の進め方が、ＤＸを進めるために必須であるとともに、日本の会社を復活させる起爆剤になるのではないかと、ぼんやりと考えていたときだった。

最後に、相談に乗っていただき、本書が完成するまで気長におつき合いいただいた東洋経済新報社出版局の黒坂浩一氏へ感謝を申し上げるとともに、最後まで読破いただいた読者の皆さまにお礼をいいながら、ここで筆をおきたい。

【著者紹介】
各務茂雄（かがみ　しげお）
KADOKAWA Connected代表取締役社長。KADOKAWA執行役員 DX戦略アーキテクト局長、ドワンゴ本部長を兼務。
INSエンジニアリング（現ドコモ・システムズ）、コンパック、EMC（現Dell Technologies）、VMware、楽天、Microsoft（1年後に日本マイクロソフト）、AWS（アマゾン ウェブ サービス）を経て、ドワンゴへ移籍。同社ではインフラ改革を行ない、20億円のコストダウンを実現。KADOKAWAグループのDXを推進するために、2019年4月より現職。2020年4月より情報経営イノベーション専門職大学准教授。2012年グロービス経営大学院修了（GMBA2010）。

世界一わかりやすいDX入門
GAFAな働き方を普通の日本の会社でやってみた。

2020年11月12日　第1刷発行
2021年 8 月10日　第3刷発行

著　者——各務茂雄
発行者——駒橋憲一
発行所——東洋経済新報社
〒103-8345　東京都中央区日本橋本石町 1-2-1
電話＝東洋経済コールセンター　03(6386)1040
https://toyokeizai.net/

装　丁…………遠藤陽一（ワークショップジン）
D T P…………アイランドコレクション
イラスト・漫画・図表作成…かんべみのり
印　刷…………ベクトル印刷
製　本…………ナショナル製本
編集担当………黒坂浩一

Printed in Japan　ISBN 978-4-492-39655-1